中國文明的起源

校訂本

夏鼐 著

商務印書館

中國文明的起源

校訂本

夏鼐 著

責任編輯　徐昕宇

裝幀設計　麥梓淇

排　　版　周　榮

責任校對　趙會明

印　　務　龍寶祺

中國文明的起源（校訂本）

作　　者　夏　鼐

校　　訂　王世民

出　　版　商務印書館（香港）有限公司
　　　　　香港筲箕灣耀興道 3 號東滙廣場 8 樓
　　　　　http://www.commercialpress.com.hk

發　　行　香港聯合書刊物流有限公司
　　　　　香港新界荃灣德士古道 220–248 號荃灣工業中心 16 樓

印　　刷　中華商務彩色印刷有限公司
　　　　　香港新界大埔汀麗路 36 號中華商務印刷大廈

版　　次　2024 年 2 月第 1 版第 1 次印刷
　　　　　© 2024 商務印書館（香港）有限公司
　　　　　ISBN 978 962 07 5963 5（正常本）
　　　　　ISBN 978 962 07 5968 0（毛邊本）
　　　　　Printed in Hong Kong

夏鼐像

掃描二維碼，下載本書高清電子圖冊。

出版說明

　　現在重新出版的夏鼐著《中國文明的起源》，是他作為中國社會科學院副院長兼考古研究所名譽所長，於 1983 年應日本廣播協會（NHK）的邀請，在日本所作三次廣播講演的文稿集。因其在中國考古學發展史上具有重要的歷史價值和現實意義，特約請長期在他身邊工作的學生、曾主編《夏鼐文集》《夏鼐日記》等書的王世民先生，根據 1984 年出版的 NHK 叢書第 453 種日文原本和 1985 年 7 月文物出版社出版的中文譯本，對本書進行了校訂。除改正了原本中的若干錯字，重新製作了圖版和插圖（個別稍有調整），還以"本書增注"的形式補充了後來發表的 20 多條相關文獻，對個別稍顯陳舊或有歧義的內容，則以"編者注"的形式補充說明；部分長文注釋集中編排為知識版塊 —— 延伸閱讀；部分區域名稱變更附於書尾。另附與《中國考古學的回顧和展望》一文密切相關的《新中國的考古學》《新中國的考古發現

和研究·前言》二文，以加深理解本書的意義。現由王世民先生
對本書的意義及相關問題說明如下：

　　人所共知，夏鼐作為中國現代考古學的奠基人之一，對中國
考古學的全面發展作出了卓越貢獻。他是新中國考古人才的主要
培育者，曾連年親自為考古工作人員訓練班和北京大學考古專業
講授“考古學通論”和“田野考古方法”，培養了田野工作的第一
批業務骨幹，將科學的田野考古方法普及到全國各地。他親自主
持輝縣、長沙、西安、洛陽及黃河三門峽水庫區等一系列田野考
古工作，指導西安半坡、偃師商城、安陽殷墟、漢唐兩京、北京
明定陵和長沙馬王堆漢墓等重點地區的重要考古發掘，長時間對
《考古學報》《考古》各期和考古學專刊進行出版前的仔細審閱，
從而締造了中國考古學界實事求是、不尚空談的嚴謹學風。

　　夏鼐在 20 世紀 50 年代和 60 年代初是主持考古研究所日常
工作的常務副所長，幾次發表一定時間內考古新發現的綜述文
章，點評某些考古發現的學術價值，對全國考古工作提出指導性
意見，特別是規範考古學上的文化定名問題，導引考古工作的健
康發展。而 1962 年夏鼐被任命為考古研究所所長以後，應黨中
央理論刊物《紅旗》雜誌之約撰寫的《新中國的考古學》一文，則
從社會發展理論的高度，高屋建瓴地將 1949 年以來的考古發現
與研究歸納為六個方面的基本課題，即：人類的起源和人類在我
國境內開始居住的時間問題，生產工具和生產技術的發展以及人

類經濟生活的問題，古代的社會結構和社會關係問題，國家起源和夏代文化問題，精神文化（藝術、宗教、文字等）方面問題，漢族形成和中華民族共同體形成的過程問題。其中國家起源和夏代文化便屬於中國文明的起源問題。這集中體現了夏鼐建立和完善中國考古學學科體系的學術思想，也進一步明確了中國考古學的研究方向。

意義尤為重大的是，夏鼐在《新中國的考古學》中最早指出："根據考古資料，現今漢族居住的地區，在新石器時代存在着不同的文化類型。在黃河流域的中游和下游，也有很大的差異，古史傳說中也有這種反映。"1977 年發表的《碳-14 測定年代和中國史前考古學》一文，根據當時公佈的年代數據，結合文化內涵和地層證據，全面討論中國新石器文化的起源和年代序列，相互關係與發展譜系，正式宣佈中國新石器文化的發展並非黃河流域一個中心的多元說。認為各地文化類型的不同，"表明它們有不同的來源和發展過程，是與當地的地理環境適應而產生和發展的一種或一些文化"。夏鼐提出這種觀點，比其他學者早許多年，具有極大的突破性，進一步推進了中國考古學研究。

1979 年，中國考古學會宣告成立，夏鼐以考古所所長身份兼任學會理事長，考古研究各方面的工作得以正常發展。1984 年出版的，由中國社會科學院考古研究所集體編寫《新中國的考古發現和研究》一書，總結了新中國成立以來約三十年考古工作各方面的巨大成就，體現了中國考古學學科體系的建立狀況。夏鼐為該書所寫的前言中強調："'古為今用'這一方針的正確含義，在考古學方面應該是根據以科學理論所取得的結論，來充實歷史唯物主義的武庫⋯⋯，同時用以宣傳愛國主義，以便增進我們建設社會主義的自信心和民族自尊心。"這些話明確了考古研究的政治方向。夏鼐在日本講演《中國考古學的回顧與展望》時，簡明扼要地講述不同歷史時期考古工作的巨大成就，同樣貫穿着這樣的觀點。他說："中國考古學的飛躍發展，使研究世界文明史的學者們對於全球性的理論問題提出新看法或修改舊看法的時候都要把中國考古學的新成果考慮進去。"

　　中國現代考古學發展的早期階段以及新中國成立初期，由於相關材料較為匱乏，尚不具備系統考察中國文明起源問題的條件。夏鼐在稍晚發表的《中國原始社會史文集》的序言中提到："嚴格地說起來，我國黃河流域進入階級社會的時代（即原始社會解體的時代），⋯⋯由於我國現下能確定為銅石並用期和早期青銅文化發現得不多，所以我們對這階段的知識很貧乏，我們對這個問題還不能作十分確定的答覆。"但是，夏鼐發表《新中國的考古學》以後的二十年間，中國考古學的巨大成就中最具突破性的是對早期考古學文化的研究。隨着碳 -14 測年技術的引進，中國中心地區新石器文化面貌和年代序列日益明確，銅石並用期和早期青銅文化遺存及許多城堡遺址得到確認；而對於燦爛的青

銅文化，不僅從殷墟向上追溯到二里崗文化、二里頭文化，取得
了鄭州商城和二里頭遺址的豐富收穫，更發現宏大、規整的偃師
商城，於是中國文明起源問題便自然而然地提上了中國考古學的
議事日程。夏鼐以中國考古學界領導人的身份，1983 年 3 月在
日本講演《中國文明的起源》，1985 年 3 月又在英國史前學會成
立 50 周年紀念會上作同樣題目講演，首先從考古學上提出探討
中國文明的起源，是這方面研究肇始的重要標誌。他在國際學術
舞台上闡明自己的觀點，一方面展現出中國學者獨立探究此課題
的努力和成果，另一方面也說明這一課題具有廣泛的世界性。

　　夏鼐於 1985 年去世以後，中國社會科學院考古研究所曾舉
辦中國文明起源問題研討活動。1990 年考古所派遣文明起源課
題組五名成員，前往浙江、上海、江蘇、遼寧，對良渚文化和紅
山文化的最新重大發現進行學術考察；1991 年冬邀請四省（市）
學者，共同實地考察考古所的二里頭、偃師商城、陶寺、殷墟等
重要遺址發掘，然後在北京進行三天研討性座談，並且發表了長
篇研討會紀要。後來，該研討活動因故被擱置起來，但有關考古
單位和考古學者的個別研討仍在持續進行。2004 年夏季，正式
命名為“中華文明起源與早期發展綜合研究”，簡稱“中華文明探
源工程”，在進行了三年預研究（2001—2003 年）的基礎上，作
為列入“十五”“十一五”和“十二五”期間國家科技支持的多學
科結合重大科研項目，宣告正式啟動。特別是十八大以來，文明

探源項目研究廣泛開展，蔚為大觀，相關單位為此進行了一系列重要的考古發掘與研究。最新研究成果顯示：在距今 5000 年前，我國已進入文明階段，出現了國家，進入"古國"時代。這表明，中華文明的起源和早期發展是一個多元一體的過程，最終融匯凝聚出以二里頭文化為代表的文明核心，開啟了夏商周三代文明。

我們在這個時候重新出版夏鼐將近四十年前的這部著作，仍有重要的現實意義。夏鼐曾告訴我們，中國文明起源是中國史前考古學和世界文明史上至關重要的課題，其理論意義在於是"傳播論派和獨立演化派的爭論的交鋒點"。他綜合考察世界文明古國的發展進程，強調"文明"一詞的含義是"指一個社會已由氏族制度解體而進入有了國家組織的階級社會的階段"，並且進一步指出文明社會的標誌是"這個社會中除了政治組織的國家以外，已有城市作為政治（宮殿和衙署）、經濟（手工業以外，又有商業）、文化（包括宗教）各方面活動的中心。"夏鼐說："它們一般都已經發明文字和能夠利用文字做記載，並且都已知道冶煉金屬。文明的這些標誌中以文字最為重要。"但這些並不是絕對的，他在同時即已指出"秘魯似為例外，僅有結繩記事"。夏鼐在為中文譯本首次出版補寫的提要中強調，進行中國文明起源的探索，"主要對象是新石器時代末期或銅石並用時代的各種文明要素的起源和發展，例如青銅冶鑄技術、文字的發明和改進、城市和國家的起源，等等"。這些論斷，無不閃耀着理論的光輝。

認真領悟近四十年前夏鼐論斷的內涵，對於當前的研討仍有深刻的指導意義。我們重新出版本書，用意就在於此。

夏鼐在日本的講演，還有一個題目《漢唐絲綢和絲綢之路》。中國是歷史悠久的絲綢大國，雖然早有學人熱衷於探究古代絲綢，如同金石學家接觸青銅器，但他們側重於鑒賞，並未進行現代化的工藝研究。1962 年夏鼐撰寫長篇論文《新疆新發現的古代絲織品 —— 綺、錦和刺繡》，開拓了漢唐絲織品的製織工藝研究。夏鼐出生在著名甌綢的生產中心地溫州，鄉土和家庭的熏陶使他早就知曉養蠶、繰絲、織綢的基本流程，着手研究新疆新出土的絲織品時，又廣泛閱讀西方學者的有關論著，所以根據出土標本殘片和放大照片的分析判斷，加以自己揣摩和試行編織，便能繪製出合乎科學要求的各種織物的組織結構圖，因而精闢地作出論斷：漢代採用經線顯花法，分區佈線達到五彩繽紛的效果；而經過魏晉南北朝發展到唐代，由於受到西方的影響，織錦改為採用緯線顯花法，形成花紋更為絢麗多彩的風格。原先他曾認為："有些絲織物需要提花綜四五十片之多，因之推斷當時織機已有提花設備。"夏鼐在日本的講演，娓娓講述他研究漢唐絲織物的開拓性見解，但轉而提到："最近我研究了馬王堆漢墓的絲織物之後，我同意 H.B. 柏恩漢（Burhan）的意見，漢代提花織物可能是在普通織機上使用挑花棒織成花紋的。真正的提花機的出現可能稍晚。"事實上，夏鼐研究馬王堆漢墓絲織物主要是在 1972 年秋審閱該墓發掘報告時開始的。 1982 年他專程前往湖北江陵,考察馬山 1 號楚墓出土的戰國絲織品,看到一種用挑花棒挑成凸起精美花紋的平紋織物,類似於緙絲。因而他同意了加拿大學者柏恩漢的意見。想不到的是三十年以後,成都天回鎮老官山的一座西漢景帝至武帝時期木槨墓,竟然出土四架竹木製作的提花織機模型。經中國絲綢博物館的專家復原研究,判定屬於兩種一勾多綜式提花機,複製的原大提花機成功地仿織出幾種漢錦。從而充分證明,中國提花機出現的年代很早,夏鼐原先的推斷是完全正確的。對此我們已在本書中增加補注予以說明。

2022 年 7 月 2 日

目 錄

第三章　中國文明的起源

附錄

序言

　　這書是我於 1983 年 3 月應日本廣播協會（NHK）的邀請在日本所作的三次公開講演稿。當時我分別在東京（3 月 9 日）、福岡（3 月 11 日）和大阪（3 月 13 日）三地講演。這些講演於錄像後配上日語翻譯和說明，由日本廣播協會的電視廣播電台向日本全國廣播，每次放送四十分鐘。這三次講演漢文底稿，由小南一郎副教授譯成日文，加上京都大學樋口隆康名譽教授和九州大學岡崎敬教授的序跋、注釋（解說）和附表後，編成為演講集的日文版。岡崎教授的注釋和附表部分，是由西村俊範先生協助完成的。這日文版於 1984 年 4 月由日本放送出版協會列為 NHK（日本廣播協會）叢書第 453 種而出版了。

　　原來的漢文講演稿，由於對象是日本收聽電視廣播的聽眾，所以力求通俗易懂，同時又想把中國考古學最新成果扼要加以介紹，並對其中一些問題，略談我自己的認識和評價。這樣一來，這講演稿對於一般讀者來說可能仍不易懂，而由專家們看來，可能又覺得太膚淺，沒有多少新意。所以，我原來是不打算出漢文版的。但是國內的朋友勸我還是出漢文版，以滿足不懂日文的讀者們的需求。《考古》上的那篇評介（1984 年 8 期）出來後，文物出版社的同志正式提出要出版這書漢文版的建議，我也就同意了。

日譯者小南一郎先生最近來信說：日文版第一版七千冊於 4 月 10 日出版後，不到一個月便售罄了。第二版二千冊於 5 月 20 日出版後，不到半年又售罄。第三版三千冊已於 1985 年 2 月 10 日在日本東京發行。一本中國考古學的書籍能夠在日本這樣暢銷，是出乎我的意料的。這反映現下中日兩國人民的友誼進入高潮時刻，日本民眾中存在"中國熱"現象。他們渴想知道中國的過去和現在。我這本小書或許不能滿足他們的希望和要求，但是如果這書能稍稍起了一種促進日本人民對於中國的友誼和了解的作用，那我也就滿意了。

最後，我在本書的日文版序言中曾說過："我這次講演旅行的成功和講演集的日文版的出版，是由於日本廣播協會（NHK）川原正人會長和協會中有關的各位先生的精心安排和熱心援助，對此我表示衷心地感謝。日文版的出版，小南一郎副教授致力於編輯和翻譯的工作；結交二十七年的老友樋口隆康教授和岡崎敬教授對於日文版加以詳細校閱，西村俊範先生幫助他們做好加注的工作，我同樣地表示衷心地感謝"。這次我決定在國內出漢文版以後，當我和他們聯繫時，日本廣播協會荒井治郎理事在回信中不僅歡迎我們出漢文版，而且代為取得樋口教授、岡崎教授和西村先生的同意，他們答應可以把他們所寫的序跋、注釋和附表譯成漢文收入漢文版中。我在這裏再一次向他們致謝。這部分的漢譯工作和全書的編輯工作，包括蒐集和編排圖版的工作，是由陳公柔同志來做的。文物出版社的有關同志，尤其是樓宇棟同志，為本書出版費了很多的力量，我對他們極為感謝。書中的插圖和圖版較日文版略有增添及更動；插圖、圖版都是文物出版社和中國社會科學院考古研究所提供的，並此致謝。當然，書中如有錯誤或欠妥的地方，都應由我自己負責。我衷心希望讀者們提出批評意見和指正。

夏鼐

1985 年 3 月 2 日

第一章　中國考古學的回顧和展望

提要

　　從 20 世紀 20 年代殷墟的發掘工作開始以來，可以說中國的近代考古學已經誕生了。同時，周口店北京猿人洞的發掘將中國境內人類[1] 活動的歷史，提前了四五十萬年。現下，又提前了幾十萬年。用碳 -14 測定的考古學上的數據也已發表了。

　　現在已經知道的早期新石器時代的文化如磁山文化、裴李崗文化，其年代為公元前 6000 年—前 5700 年。延續下來的半坡文化，約為公元前 5000 年—前 4500 年。屬於仰韶文化的彩陶美術，在黃河中游廟底溝二期時已漸行衰落；而在黃河上游，如甘肅仰韶文化反而發達起來了。

　　在長江流域的浙江省餘姚縣，發現了河姆渡文化，其時代為公元前 5000 年，是以水稻為主要農作物的。在黃河流域，從廟底溝二期文化逐漸衍變為河南龍山文化。關於夏王朝，還有待於獲得確實的材料才好得出結論。近年知道，在安陽殷墟以前有鄭州二里崗文化，較這更早的還有偃師二里頭文化。由於殷墟婦好墓的發掘，使我們對於商代古墳的年代更加明確了。

　　西周、東周以及秦代的遺址不斷發現。

1　〔編者注〕北京猿人的生物學分類是直立人，現代人的生物學分類是智人。

3

關於漢代的考古，在長安、洛陽等處之外，還發現了長沙馬王堆的漢墓、河北省滿城縣劉勝墓，等等。

關於唐代考古，已弄清了長安的都城及大明宮、西市、青龍寺等遺址的保存情況。從乾陵前面的陪塚及何家村的窖藏中出土的金銀器和中外錢幣，包括日本的和同開珎，這些都很重要。它們正像日本所發掘的高松塚古墳在日本考古新發現中的重要性一樣，都佔有重要地位。

宋代以後的考古，曾調查發掘了浙江省龍泉窯等窯址；在北京曾調查了元大都遺址。明代萬曆皇帝的定陵的發掘也是很重要的。

近代考古學的誕生

　　這次是我第三次前來訪問日本。前兩次是 1963 年和 1979 年。那兩次我都曾以中國考古學的現狀作為講演題目，向日本朋友們介紹中國考古學的當時的現狀。這次日本廣播協會又要我講這個題目。幸得在中國幾乎每一年都有一些考古新發現，而這些新發現不僅只是補充已有的知識，有時還使我們完全改變原來的看法，重新考慮問題，形成了新的看法。所以每次重新介紹現狀 [2]，都會有些新東西。

　　中國考古學的發展，到 20 世紀的 20 年代，才進入近代考古學的階段。從 18 世紀以來，一直到 20 世紀初，中國的學者繼承和發展了北宋時（11 世紀前後）開始興起的金石學，又利用新出土的古器物，做了大量的整理研究工作。對於中國近代的考古學的誕生，他們作出了一定的貢獻。中國近代考古學的另一來源是

2　文物編輯委員會編：《文物考古工作三十年》，文物出版社，1979 年。
　　文物編輯委員會編、關野雄監譯：《中國考古學三十年》，平凡社，1981 年。
　　中國社會科學院考古研究所：《新中國的考古發現和研究》，文物出版社，1984 年。

西方資本主義國家的科學，其中一個特別有關的學科是地質學。到了 20 世紀的 20 年代，中國黃河流域的考古工作便突然興盛起來。地質調查所從 1921 年開始陸續發現和發掘一系列新石器時代遺址，包括著名的仰韶村遺址。1927 年又開始發掘周口店的北京猿人遺址。最近（1982 年 9 月 18 日）去世的裴文中博士曾於 1929 年在這個遺址發掘中發現了第一個北京猿人的頭蓋骨。1928 年開始發掘安陽殷墟。周口店和殷墟這兩個遺址不僅文物豐富，並且學術價值很高。這兩項發掘工作自開始以來，現在都已超過五十年了。但是它們蘊藏的寶物，還遠未罄竭。當年的周口店發掘工作是國際合作性質的，除了中國學者，還有好幾個國家的專家都參加了。更早的 20 世紀初年外國人在新疆和東北的考古發掘工作，則沒有中國學者參加。殷墟的發掘工作完全是我們中國人自己做的。所以，可以說近代考古學這時在中國已經誕生了。

我自己是在 1935 年春在安陽殷墟初次參加考古發掘的，到現今已近半個世紀了。這半個世紀中，最初一段時間因為環境不利，中國考古學的發展經歷了一個困難和曲折的過程。1949 年以後，在順利的條件下，它得到空前的蓬勃發展。這順利的新條件，是黨和政府的重視、歷史唯物主義思想的指導和配合大量基本建設的需要。回顧這三十多年的發展，我親眼看到中國考古學的長大成年，開花結果。今天我懷着莫大的喜悅心情向在座的朋友們來介紹它的現狀。

延伸閱讀

● 金石學

　　金石學原指研究刻在金石上面的文字（金石文）而言。在中國，金石學研究的範圍包含了諸如甲骨文、封泥、磚瓦陶文、竹木簡、古錢幣等凡不屬於寫在紙上的一切古文字資料。

　　北宋以後，出版了為數不少的專門圖錄、考釋的書。宋徽宗敕命將宮中收藏的以殷周為主的青銅器編印為《宣和博古圖》三十卷。元明時代，此學稍衰。到清代，金石學隨考據之學的發展而大為盛行。顧炎武、阮元、錢大昕、吳大澂、羅振玉、王國維等名家輩出，蔚然大觀。

　　隨着近代考古學的發展，新的古文字資料大量出土，研究金石文字之學，已經成為文獻史學、考古學的重要輔助科學之一。[3]

3　〔作者補注〕關於金石學，可參閱《〈殷周金文集成〉前言》，見《考古》1984 年 4 期，357−360 頁。

插圖 1　商代青銅鼎及銘文

● 裴文中

　　裴文中（1904-1982 年）是研究舊石器、古生物學的著名學者。河北省豐南縣人。1927 年於北京大學地質系畢業後，參加周口店發掘。後留學巴黎大學。回國後，任實業部地質調查所周口店辦事處主任，至"七七事變"止，一直從事周口店的發掘工作。1949 年後，歷任中國科學院古脊椎動物與古人類研究所研究員、北京自然博物館館長、中國考古學會副理事長、九三學社常務委員等職。

插圖 2　裴文中手捧"北京人"頭蓋骨化石

　　1929 年，裴文中於周口店第一地點首次發現北京猿人頭蓋骨（現在下落不詳）；其後又主動倡導發掘了山頂洞、第十三地點、第十五地點等處，弄清了周口店遺址的概況。此外還調查發掘了四川省資陽縣、山西省襄汾縣丁村等處的舊石器時代遺址，以及河南澠池縣仰韶村、甘肅一帶的新石器時代遺址。1953 年，與夏鼐共同指導了洛陽燒溝漢墓的發掘工作。

　　主要著作有：*Fossil man in China*（《中國的化石人》，1933 年）、《中國史前時期的研究》（1948 年）、《中國石器時代的文化》（1954 年）、《中國猿人》（1972 年）。[4]

● 安陽殷墟

　　殷墟位於今河南省安陽市西北部，乃殷代後期都城遺址。從 20 世紀初，此地即以出殷代甲骨而聞名於世。1928 年，中央研究院歷史語言研究所成立伊始，選擇了此地進行發掘。其後，由於"七七事變"而中斷，共計進行了十五次發掘。

　　在洹河南岸的小屯村，發掘了不少有版築台基的建築物，以及和建築物有關的墓葬、豎穴灰坑，還出土了大約一萬片以上的甲骨。在洹河北岸的侯家莊，發掘了被認為是殷代王陵的大墓十數座。另外，還包括小墓千餘座。墓葬中出土了大量的陶器和青銅器。

4　〔作者補注〕關於裴文中的生平和貢獻，可參閱安志敏：《裴文中先生傳略》一文，見《考古學報》1983 年 1 期。

　　1949 年之前的十五次發掘的成果，已由台灣省"中央研究院"整理編印為《中國考古報告集》，陸續刊發多冊。

　　中國科學院考古研究所（現屬中國社會科學院）成立後，一直在這裏繼續進行發掘。主要的收穫有：武官村大墓、小屯的婦好墓、小屯南地甲骨，等等。發掘地點也擴大到了殷墟的外圍地區。

插圖 3　殷墟甲骨卜辭

探求人類的祖先

　　新中國考古學的重要收穫之一，是把人類在中國土地上活動的歷史提前了一百來萬年。新發現的藍田人和元謀人，他們的年代都比北京人早。根據古地磁學的測定，最初有人認為元謀人距今約 170 萬年，但最近再加研究，有人認為不超過 73 萬年，即可能為距今 60 萬—50 萬年 [5]。藍田人距今約 80 萬—65 萬年，而北京人則最近確定距今約 46 萬至 23 萬年 [6]。舊石器時代遺址曾新發現多處。1980 年和 1981 年在安徽和縣兩次發掘中所發現的直立人（Homo erectus）的頭蓋骨和下頜骨化石，和北京猿人的年代相當，體質特徵也相近。這證明當時直立人在中國分佈頗廣。在雲南祿豐縣繼 1976 年發現臘瑪古猿的下頜骨之後，1980 年和 1981 年冬又發現四具這種生活於一千萬年以前的臘瑪古猿頭骨化石。這是從猿到人過渡階段的似人化石，或以為是人類和

5　〔作者補注〕劉東生、丁夢林：《關於元謀人化石地質時代的討論》，見《人類學學報》，2 卷 1 期（1983 年），40–47 頁。說元謀人化石年代應不超過 73 萬年，可能距今 60 萬—50 萬年。

6　〔作者補注〕夏明：《周口店北京猿人洞骨化石鈾系年齡數據 —— 混合模式》，見《人類學學報》1 卷 2 期（1982 年），191–196 頁，以為 1–3 層為 23 萬餘年，8–9 層為 40 萬餘年。

現存猿類的共同祖先。這個新發現為人類起源於亞洲說提供了
論證。[7]

延伸閱讀

● 古地磁學的測定

地球磁場的方向不是固定的，隨着歲月的變遷會發生倒轉。地球
磁場的方向，常常保存於迄今為止各個不同時代形成的岩石之中。包
括現在在內，和現在磁場的方向相同的時期，稱之為布容正向極性期；
而在這以前的倒轉期，稱之為松山反正向極性期。各個時期中，磁場
對磁極期的整體來講，常含有一段短暫的，一般稱之為"事件"的反對
時期。因此，關於時期的劃分還可以再詳細一些。此外，根據鉀氫測
定法測出各個時期的確實年代，從而作出地球整體的古地磁極性的年

7　〔作者補注〕中國雲南境內新發現的臘瑪古猿及其重要性，可參閱《雲南祿豐古猿化
　　石地點再次發現臘瑪古猿頭骨》，見《人類學學報》1 卷 1 期（1982 年）；吳汝康等：
　　《臘瑪古猿和西瓦古猿的形態特徵及其系統關係》，見《人類學學報》2 卷 1 期（1983
　　年）和 3 卷 1 期（1984 年）。

表來。然後，測定擬測地點的層位的古地磁的方向，用來和上述的年表相互比較，就可以得出所要測定的地層的年代。[8]

• 臘瑪古猿（Ramapithecus）

臘瑪古猿生存於距今約 1500 萬年至 1200 萬年前，即自中新世至上新世的具有人的特徵的高等靈長類。其分佈範圍很廣，大體上包括印度、東非及歐洲。用他來和已知的、最早的人類祖先南方古猿（Australopithecus）[9] 相比較，其拋物線型的牙齒排列和單個牙齒的特徵，和南方古猿的非常相似，很有可能其食性和行動類型也是非常相似的。

• 人類起源於亞洲說

19 世紀後半，《進化論》作者達爾文以為，現存靈長類中最接近人類的大猩猩和黑猩猩（Gorilla）的生息地點為非洲，因而認為人類發祥地也可能在非洲。於是有人類起源於非洲說。

另外，19 世紀末，人們在爪哇發現了爪哇人以及 20 世紀 20 年代在周口店發現了北京人，這種被認為最早的人類即原人（直立人 /Homo

---

8　〔作者補注〕關於古地磁學的測定，可參閱馬醒華、錢方：《古地磁與舊石器時代考古》一文，見《考古》1978 年 5 期。此外，關於元謀人的年代問題，即以元謀人化石出土的地層和年表上的時期相對照，究竟應該和哪一個時期相吻合，還有不同的見解。

9　〔編者注〕有觀點認為，南方古猿是已知最早的人類，也是從猿到人轉變的第一階段。

erectus）階段的骨化石陸續在亞洲發現；並且在亞洲也生息過諸如猩猩、長臂猿之類的靈長類動物；加之從地理上看，亞洲又正是處於人類生息的世界各大陸的中心位置，因而有學者認為人類起源於亞洲，主張人類起源於亞洲說。

其後，因為近年來在東非發現了大量的比原人更早的猿人（南方古猿）階段的骨化石和石器，有人再次力主人類起源於非洲說；但是最近在爪哇、印度、中國華南等地，相繼發現了有可能屬於人科的臘瑪古猿的骨化石。於是，也有人認為人類的發祥地應該在亞洲南部，祿豐的臘瑪古猿即其證據之一。

各地所發現的新石器文化

　　新石器時代方面，新發現的遺址已經公開發表的有七千餘處，經正式發掘的也在百處以上。這些發現所提供的大量新資料已經使各地的原始文化的面貌日益明確。尤其是由於碳 -14 測定年代法的採用 [10]，不同地區的各種新石器文化有了時間關係的框架，中國的新石器考古學因為有了確切的年代序列而進入一個新時期。現下已測定的考古學方面的數據已達 913 個之多。這些數據已由考古研究所實驗室的同志們把它們匯集在一起，作為一本專刊《中國考古學中碳十四年代數據集》出版（1983 年 8 月）。

　　最引人注意的是 20 世紀 70 年代末所發現的早期新石器時代文化，即分佈在河北省南部和河南省北部的磁山 / 裴李崗文化 [11]。

10　參閱中國社會科學院考古研究所：《中國考古學中碳十四年代數據集（1965–1981年）》，文物出版社，1983 年。
　　〔本書增注〕中國社會科學院考古研究所：《中國考古學中碳十四年代數據集（1965–1991）》，文物出版社，1992 年。

11　安志敏：《裴李崗、磁山和仰韶 —— 試論中原新石器文化的淵源及發展》，《考古》1979 年 4 期。李友謀、陳旭：《試論裴李崗文化》，《考古》1979 年 4 期。
　　〔本書增注〕河北省文物管理處、邯鄲市文物保管所：《河北武安磁山遺址》，《考古學報》1981 年 3 期。開封地區文管會、新鄭縣文管會：《河南新鄭裴李崗新石器時代遺址》，《考古》1978 年 2 期。

它比仰韶文化早，約在公元前 6000 年到前 5700 年（校正過的碳 -14 斷代，以下同）。當時主要的農作物是粟類，並且已知道馴養豬和狗，可能還有家雞。住宅是半地穴式，屋旁還有儲藏糧食的窖穴。陶器較為原始，都是手製的，陶質粗糙，火候不高（圖 1-1、1-2）。石器有舌形鏟、凹刃有齒鐮（圖 1-3、1-4）、橢圓斧、磨棒和帶足或無足的磨盤（圖 1-5）。當然，這種文化還有它的淵源。如果我們繼續探索，向上追溯，或可找到中國農業、畜牧業和製陶業的起源。

20 世紀 50 年代發現的半坡遺址 [12]，現今成為仰韶文化早期的典型代表。仰韶文化以其精美的彩陶聞名於世（圖 1-6）。由於半坡的發掘，我們對於這樣一座新石器時代村落遺址有了一個全面的認識，包括他們的住宅結構和佈局、製陶業和其他手工業的技術和組織、埋葬制度和墓地的位置、生產工具和經濟生活、社會組織等各方面。現在我們又知道半坡遺址年代是公元前 5000年—前 4500 年，稍晚於磁山 / 裴李崗文化。就文化內涵而言，兩者似有承繼的關係，不過在發展過程中已發生了質的變化。彩陶的圖案，反映了當時人民的審美觀念。這種彩繪美術在黃河中

12　中國科學院考古研究所、陝西省西安半坡博物館：《西安半坡：原始氏族公社聚落遺址》，文物出版社，1963 年。

圖 1-2　三足陶缽（河南新鄭裴李崗文化）

圖 1-1　小口雙耳陶壺（河南新鄭
　　　　裴李崗文化）

圖 1-4　石鐮（河南新鄭裴李崗文化）

圖 1-3　舌形鏟（河南郟縣水泉裴
　　　　李崗文化）

圖 1-5　石磨盤與石磨棒（河南郟縣水
　　　　泉裴李崗文化）

圖1-6　彩陶盆（半坡仰韶文化）

圖1-7　裸體人像彩陶壺（馬家窯文化、柳灣採集）

圖1-8　彩陶大罐（馬家窯文化，臨夏三坪）

圖1-9　舞蹈紋彩陶盆（馬家窯文化，大通上孫家）

游到了廟底溝二期便衰落了[13]。但是在黃河上游的甘肅青海地區，彩陶作為一種美術更為發展了。所謂"甘肅仰韶文化"[14]包括馬家窰文化和半山—馬廠文化，都有很華麗圖案的彩陶（圖1-7、1-8、1-9）。年代則前者為公元前3000年左右，後者為公元前2500年—前2000年左右。1974–1980年在青海樂都柳灣墓地[15]發掘1714座以半山—馬廠文化為主的墓葬，隨葬陶器達一萬餘件，彩陶壺、罐便有八千多件。現在以564號墓為例，它的陶器便達91件之多，有彩陶86件，其中74件為彩陶壺（圖1-10）。

長江流域的新石器時代考古學，在1949年後有了很大的發展。最重要的是浙江餘姚河姆渡文化的發現[16]。它的年代與北方黃河流域的仰韶文化早期（半坡）同時，或許開始稍早。當時這

13　參閱中國科學院考古研究所：《廟底溝與三里橋：黃河水庫考古報告之二》，科學出版社，1959年。

14　張學正、張朋川、郭德勇：《談馬家窰、半山、馬廠類型的分期和相互關係》，《中國考古學會第一次年會論文集》，文物出版社，1980年。

15　青海省文物考古隊：《青海彩陶》，文物出版社，1980年。
〔作者補注〕青海省文物管理處考古隊、中國社會科學院考古研究所：《青海柳灣》，文物出版社，1984年。

16　浙江省博物館自然組：《河姆渡遺址動植物遺存的鑒定研究》，《考古學報》1978年1期。河姆渡遺址考古隊：《浙江河姆渡遺址第二期發掘的主要收穫》，《文物》1980年5期。
〔作者補注〕浙江省文管會、浙江省博物館：《河姆渡遺址第一期發掘報告》，見《考古學報》，1978年1期。
〔本書增注〕浙江省文物考古研究所：《河姆渡 —— 新石器時代遺址考古發掘報告》，文物出版社，2003年。

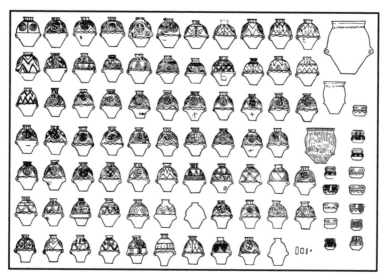

圖 1-10 青海柳灣 564 號墓出土陶器

一帶氣候比較溫暖潮濕，居住點的周圍環境是分佈有大小湖沼的草原灌木地帶。河姆渡文化的居住房屋是木結構（圖 1-11），主要農作物是水稻。這是遠東及南亞各國主要糧食作物 —— 水稻 —— 從遠古時代遺留下來的最早的實物標本，年代約在公元前 5000 年（圖 1-12）。家畜有狗和豬，可能還有水牛。石器有斧和錛，還發現有木質、角質的器柄和骨耜（圖 1-13）等。因為這裏的文化層已在潛水面以下，所以許多木器如船槳、耜、碗、筒等都能夠保存下來。陶器製作比較原始，都是手製的，胎壁粗

用樹皮和泥遮蓋
的屋頂

榫卯相連的樑柱
和樑架

椿木

厚板

鋪蓆

圖 1-11　河姆渡遺址的木構建築復原設想圖

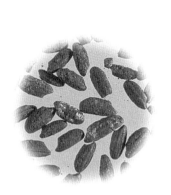

圖 1-12　河姆渡遺址出土的碳化稻穀

圖 1-13　河姆渡骨耜

厚，造型不整齊（圖 1-14、1-15）。從前我們認為良渚文化（約
公元前 3300 年—前 2300 年）是我們所知道的長江下游最早的新
石器文化，並且認為良渚文化是龍山文化向南傳播後的一個變
種。實則這裏是中國早期文化發展的另一個中心，有它自己獨立
發展的過程 [17]。此外，廟底溝二期文化的發現，證實了從仰韶到河
南龍山文化的過渡期的存在 [18]，糾正了前人以為二者曾同時存在，
東西對立的看法。

圖 1-14　刻魚藻紋盆

圖 1-15　刻豬紋方缽

17　〔本書增注〕浙江省文物考古研究所：《瑤山》，文物出版社，2003 年；《反山》二冊，
　　文物出版社，2005 年。

18　20 世紀 80 年代初，在河南省淮陽縣平糧台發掘了一處遺址。這是一座邊長 185 米
　　的城址，有城牆、城門、陶製下水管道等類似城市的設施。從這裏，可以看到當時
　　社會發展水平的一個側面。參閱：安志敏：《中國的新石器時代》，《考古》1981 年
　　3 期。嚴文明：《龍山文化和龍山時代》，《文物》1981 年 6 期。
　　〔本書增注〕河南省文物研究所、周口地區文化局文物科：《河南淮陽平糧台龍山文
　　化城址試掘簡報》，《文物》1983 年 3 期。

　　山東地區的新石器文化，從前只知道有龍山文化以光亮的黑陶著名。1959 年發現的大汶口墓地，以另一種風格的彩陶而著名。大汶口文化 [19] 後來被證明較龍山文化為早，而分佈範圍大致相同。20 世紀 60 年代至 70 年代又發掘了滕縣北辛莊和平度縣東岳石村。前者比大汶口文化更早，碳 -14 年代約為公元前 5300 年—前 4300 年。文化因素有陶器上的窄堆紋和陶製支座，石磨盤和磨棒是一般大汶口文化中沒有見到的 [20]。後者卻填補了龍山文化至商文化之間的空隙，現稱為岳石文化 [21]，年代約為公元前

19　山東省文物管理處、濟南市博物館：《大汶口：新石器時代墓葬發掘報告》，文物出版社，1974 年。
　　〔作者補注〕參閱《大汶口义化討論文集》，齊魯書社，1979 年。
　　〔本書增注〕山東省文物考古研究所：《大汶口續集：大汶口遺址第二、三次發掘報告》，科學出版社，1997 年。

20　〔作者補注〕關於北辛莊類型的遺存，參閱《新中國的考古發現和研究》，文物出版社，1984 年，95–96 頁。
　　〔本書增注〕中國社會科學院考古研究所山東隊、山東省滕縣博物館：《山東滕縣北辛遺址發掘報告》，《考古學報》1984 年 2 期。

21　〔中譯者補注〕根據本文脫稿後所發表的論文，知道岳石文化的分佈範圍是相當廣泛的，包括山東和江蘇北部，與山東龍山文化的分佈範圍大體上是一致的。從層位關係可以知道它介於山東龍山文化和鄭州二里崗上層文化之間，和碳 -14 所測出的年代是不矛盾的。陶器似乎具有相當獨特的風格，製作也很粗糙。這裏沒有見到山東龍山文化中所特有的鬶，石斧的型式也是很特殊的。趙朝洪：《有關岳石文化的幾個問題》，《考古與文物》1984 年 1 期。
　　〔作者補注〕參閱《新中國的考古發現和研究》，103–105 頁。
　　〔本書增注〕中國社會科學院考古研究所山東發掘隊：《山東平度東岳石村新石器時代遺址和戰國墓》，《考古》1962 年 10 期；《山東牟平照格莊遺址》，《考古學報》1986 年 4 期。山東大學歷史系考古專業教研室：《泗水尹家城》，文物出版社，1990 年。

1900 年—前 1500 年。岳石文化中已出現青銅小件器物，陶器上
印壓有雲雷紋和變體夔紋。所以山東地區史前文化的發展自有其
發展的序列，與中原地區和江浙地區不同。黃河中下游有東西相
對的兩個文化圈，不過與仰韶文化相對的是大汶口文化，而不是
山東龍山文化（圖 1-16、1-17、1-18、1-19）。

　　總之，這三十年來在各地區發現過好幾個前所未知的新石器
文化。對於它們以及原已知道的如仰韶文化等，我們曾加以分
析，有的可區分為幾個類型，有的可以依早晚分期。當時各種文
化在中國的大地上爭妍競秀，並且常常互相影響，互相滲透，交
織成一幅瑰麗的圖景，而且為後來獨特的、燦爛的中國文明打下
了基礎 [22]。

圖 1-16 白陶盉（濰坊姚官莊）

圖 1-17 蛋殼陶高柄杯（膠縣三里河）

圖 1-18 帶蓋陶罍（膠縣三里河）

圖 1-19 黑陶杯（膠縣三里河）

延伸閱讀

● 碳 -14 測定年代法（Radiocarbon dating）

　　具有強力放射性的宇宙射線注入地球大氣之中，同地球大氣發生作用，即與空氣中的原子發生核反應，從而產生出和普通碳素原子重量不同的同位素碳 -14。同位素碳 -14 的半衰期為 5000 年（一般在 5570-5730 年）[23]，是一種壽命較長的放射性原子；在放出 β 射線的同時，通過衰變過程向安定的氮原子轉變。

　　空氣中的碳 -14 與普通的碳素一樣，和氧氣相結合產生二氧化碳，通過與植物的光合作用，而被動植物吸收成為養料。空氣中碳 -14 的濃度（全碳素中的碳 -14 和普通碳素的比例）由於受到宇宙射線經常補充而處於不變的平衡狀態。另外，生物在死亡之前，身體中的碳 -14 濃度常和大氣中的碳 -14 濃度保持平衡。一旦有機物死亡之後，其身體中的碳 -14 便得不到補充，就要逐漸衰變、減少。只要能知道某種有機物死亡時大氣中碳 -14 的濃度，再測定現在該有機物中所含碳 -14 減少的程度，就可以計算出該有機物死亡的年代。但是，因為過去大氣中碳 -14 濃度不可能測定出來，就假定它與現在大氣中的濃度是相同的，假定大氣中碳 -14 濃度自古以來是保持不變的，而將這個數據作為測定值公佈出來。其數據一般用 B.P. 年代來表示（從公元 1950 年算

---

23 〔編者注〕目前考古學中測定碳 -14 採用的半衰期數值為 5730±40 年。

起，表示距現在若干年前的數據）。

碳 -14 年代測定是有誤差的。例如：數據如果為 1000±100B.P. 則表示所求得的年代在 900－1100B.P. 之間者，概率為 68%，在 800－1200B.P. 之間者，概率為 95%，在 700－1300B.P. 之間者，概率為 99.9%。因此，如果以為 1000B.P. 的概率為最高，比它較早或較晚的就意味着它們的概率要低，這便不對了。

對測定距今約 7000 年以內的測定數據，要進行年輪校正。樹木年輪是反映氣溫、雨量等氣候變化的，每年生出厚薄不同的輪。根據加利福尼亞所產樹木的年輪而描繪出的年輪序列的曲線圖，已可以上溯到 7000 年以前。這樣就可以定出年輪各部分的確切年代來。測定這種年代確切的各年輪的碳 -14 年代以後，對照這正確的年代來檢查，可以對其他標本的碳 -14 年代進行校正。

● 廟底溝二期

廟底溝位於河南省西部陝縣，在黃河支流青龍澗河的河岸台地上，是一處新石器時代的遺址。1956 年—1957 年，中國科學院考古研究所在這裏進行了發掘。文化堆積可以分為三期，即仰韶、廟底溝二期、東周。廟底溝二期文化，具有從仰韶文化向龍山文化過渡的過渡期性質，是早期龍山文化。出土陶器中沒有典型的黑陶，而是以灰陶為主，並有紅陶、彩陶各若干。陶器全為手製，紋飾以籃紋、繩紋為主。沒有見到帶有龍山文化特徵的輪製以及方格紋陶器。也沒有出現鬲、甗、鬹等器物。除了大型石斧、半月形石刀之外，還出現蚌刀，說明農業已經很發達。居址的居住面上塗以白灰面。這一點，乃是龍山文化所共有的。

同一類型的文化，分佈於陝西省東部、山西省南部、河南省西部。可以看出，龍山文化是在仰韶文化發展的基礎上出現的。[24] 從文化分佈的地域上講，這是一種很重要的文化。

• 良渚文化

　　廣泛分佈於江蘇省南部、浙江省北部從太湖到錢塘江周圍一帶地方的一種新石器時代文化。它是從長江下游的河姆渡、馬家浜文化（按：日文原注作青蓮崗文化）衍續下來的一種文化。[25] 陶器以輪製泥質黑陶為主，器表經過打磨，無紋飾。所出陶器的器形，和山東龍山文化的陶器有很多相似之處。水稻栽培和飼養家畜（水牛、犬、羊）已相當發達。形制特異的石鏵等耕作工具和石刀同出。還出有木杵、籮、"屐"形器等相當多的竹木器，而在河姆渡文化中佔顯著地位的骨器，這裏已見減少。據碳 -14 年代測定，良渚文化約為公元前四千紀末到公元前三千紀前半，和河南龍山文化、大汶口文化約略並行，而早於山東龍山文化。[26]

24　〔編者注〕龍山文化是繼承仰韶文化的觀點，是受限於當時的考古資料而得來。現考古確認，龍山文化是在山東大汶口文化的基礎上出現的。爾後，龍山文化影響傳播至河南、山西、陝西、湖北諸省，與同時期的新石器時代文化交流融合，形成了具有相當文化共性的文化，如河南龍山文化、陝西龍山文化等，有學者將這些"類龍山文化"，稱為"龍山期"或"龍山時代"。

25　〔編者注〕良渚文化遺址中心位於浙江省杭州市餘杭區瓶窯鎮，其最大特色是出土的玉器包含璧、琮、冠形器、玉鐲、柱形玉器和玉鉞等器形。

26　〔編者注〕據新的年代測定，良渚文化存在時間為公元前 3300 年—前 2300 年，實證中華五千年人類文化史。2019 年 7 月，良渚遺址獲准列入《世界遺產名錄》。

插圖 4　良渚文化玉璧

• 河南龍山文化

　　河南龍山文化是通過廟底溝二期文化從仰韶文化中發展過來的一種文化，一般稱之為後岡二期文化。[27] 它和山東龍山文化的內涵、時代方面都有不同。和仰韶文化一樣，河南龍山文化也是以粟等雜糧生產為生活基礎的，但生產工具有顯著進步。磨製石器非常發達，收穫用具的石鐮、蚌鐮，數量大為增加。陶器方面，陶土經過精選，並且是用輪製的。燒窯技術也很有進步，因而能生產出大量精緻的灰陶來。器形以鼎、甑等炊具為主，但也發現有鬲、甗。還發現了盉、鬹、斝等，大約是作為祭祀用的酒器，並有利用大型哺乳動物的肩胛骨來占卜的

---

27 〔編者注〕新的考古學觀點認為，河南龍山文化主要分佈在豫西、豫北和豫東一帶，上承廟底溝二期文化，一般分為王灣三期、後岡二期和王油坊（造律台）三個類型。

習俗。這些都表示隨着農業生產日益穩定，社會組織逐漸複雜化了。墓葬有同性合葬、二次葬、集體葬等等，顯示着濃厚的集體色彩；但在隨葬品的質和量上則出現了差別。

插圖 5　龍山文化玉牙璧

● 大汶口文化

　　大汶口文化是一種主要分佈於山東省的新石器時代文化，它和河南、陝西的仰韶文化中、晚期以及廟底溝二期文化約略是並行的。陶器以紅陶、灰陶為主，黑陶、白陶次之，也有少量彩陶。晚期開始用輪製陶器。器形以壺、罐、杯、鼎、鏤孔豆、高腳杯等為主，晚期出現了鬶、盉等酒器。陶器很少有帶紋飾的。石器以有孔石斧、石刀為主，有用骨和牙製的裝飾品，小型工具類很豐富。墓葬是土坑墓，有的有原始的木槨。隨葬品方面已存在着貧富的差別。可以看出來，有拔齒和頭蓋骨人工變形的習俗。山東龍山文化和大汶口文化的分佈地域大致上是相重疊的，現在一般認為它是繼承了大汶口文化而發展起來的。

• 岳石文化

岳石文化係因最初發現於山東半島中部平度縣東岳石村而得名。由於報告尚未發表，其詳細內容不甚了解。[28] 陶器有特色，以褐陶及黑衣灰陶為主，前者為手製，後者為輪製。器表以素面並經過打磨者為多，紋飾有雲雷紋、之字形紋、變體夔紋等，皆為印捺的。陶器中有甗、罐、尊、盆、器蓋，等等。從山東半島最前端的牟平縣照格莊出土有卜骨和青銅錐。經碳-14 測定，其年代約為 3840±135B.P.，3695±130B.P.。論年代，它應處於山東龍山文化和中原的商文化的中間地位。它和這兩者在陶器方面有相當大的差別。

---

28 〔編者注〕岳石文化的年代為公元前 1900 年—前 1600 年，一般認為是東夷人創造的一種古老文化。

青銅器文化

關於中國的青銅時代，從前只知道安陽殷墟出土物所反映的燦爛的青銅文化（圖 1-20）。現在由於三十年來的新發現，知道安陽殷墟以前還有鄭州二里崗文化 [29]，更早的還有偃師二里頭文化 [30]。後者的第三期已有宮殿（圖 1-21、1-22），並且墓葬中有青銅器和玉器。有人認為這裏屬於夏文化，另有一些人認為是商代開國後成湯建都的西亳。至於更早的遺存當歸入夏朝時代 [31]。但是在考古學方面還沒有確切的證據可以把它與傳說中的夏朝或夏民族連接起來，這是有待解決的問題 [32]。

29　河南省文化局文物工作隊：《鄭州二里崗》，科學出版社，1959 年。

30　殷瑋璋：《二里頭文化探討》，《考古》1978 年 1 期。
〔作者補注〕又可參考殷瑋璋：《二里頭文化再探討》（《考古》1984 年 4 期），和其所引有關的參考文獻。
〔本書增注〕中國社會科學院考古研究所：《偃師二里頭：1959 年—1978 年考古發掘報告》，中國大百科全書出版社，1999 年。

31　〔作者補注〕1983 年在河南偃師尸鄉溝勘探出一座商城，後來加以發掘。這座城有夯土城牆，東西最寬處為 1215 米，南北長達 1700 米以上。城門已發現四處，又探出四處大型夯土建築羣或建築基址，有一處已於 1984 年發掘。簡報見《考古》1984 年 6 期，又 1985 年 4 期。
〔本書增注〕中國社會科學院考古研究所：《偃師商城》第一卷，科學出版社，2013 年。

32　鄒衡：《夏商周考古學論文集》，文物出版社，1980 年。
〔編者注〕如今一般認為，二里頭遺址屬夏代紀年範圍，是夏朝都城遺址。關於夏文化問題仍存在不同意見。

圖 1-20　小屯殷代宮殿宗廟遺址全貌

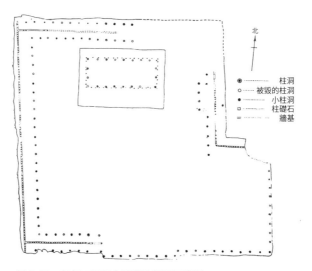

圖 1-21　偃師二里頭宮殿遺址平面示意圖

圖 1-22　河南偃師二里頭宮殿遺址

　　殷商文化的遺存的地理分佈，經過這三十來年的調查和發掘，現已知道北面抵達北京附近（如平谷劉家河）和遼寧西部（喀左北洞村），南面遠及湖北（黃陂盤龍城，沙市）、湖南（寧鄉）和江西（清江吳城）。便是在安陽小屯，近幾年也有重要的發現。1976 年發掘的婦好墓[33]（圖 1-23），是五十多年來第一次發掘出的保存完整的商朝王室成員的墓。墓中出土青銅禮器二百餘件和玉石器五百餘件，製作都十分精美。報告已於 1980 年出版。繼婦好墓被發掘後，我們又發掘了兩座未被盜掘的中型墓，除銅器、

33　中國社會科學院考古研究所編：《殷墟婦好墓》，文物出版社，1980 年。

圖 1-23　殷墟婦好墓享堂復原設想圖

玉器之外，這兩墓有較多的隨葬陶器，可以為斷定婦好墓的年代提供旁證，進一步確定了婦好墓時代問題。商文化另一突出成就是甲骨文字，這是現今留存下來的中國最早的文字。 1973 年在小屯所發現的四千多片有字的卜骨和卜甲（圖 1-24 、 1-25 、 1-26），已編成《小屯南地甲骨》。上冊圖錄部分（拓片）已於 1980 年出版，下冊也已付印。多卷本的《甲骨文合集》共十三冊，也於 1982 年出齊 [34]。這對甲骨學的進一步展開研究提供了莫大的方便。

34　中國社會科學院考古研究所：《小屯南地甲骨》上冊（拓本），中華書局，1980 年。中國社會科學院考古研究所：《小屯南地甲骨》下冊（釋文和部分摹本），中華書局，1983 年版。中國社會科學院歷史研究所：《甲骨文合集》，全 13 冊，中華書局，1978–1982 年。

圖 1-24　小屯南地卜骨（拓本）

圖 1-25　小屯南地卜骨（拓本）

圖 1-26　小屯南地卜骨

兩周時代的考古學

　　西周考古學是 1949 年以後才發展起來的。20 世紀 50 年代對西安附近的豐鎬遺址的發掘[35]，建立了西周考古學的標尺，尤其是陶器部分更是如此（圖 1-27）。就考古學的研究而言，這種陶器分期斷代的成果，要比長篇銘文的青銅器的發現還重要。後者的重要性表現在提供古文字學、銘刻學和歷史文獻的新資料。最近幾年，在陝西岐山、扶風地區的周原遺址中發掘出西周早期的宮殿和宗廟的遺存[36]（圖 1-28），以及大批的卜甲碎片（圖 1-29），其中有字的已發現二百來片。此外，在周原和其他一些地方，還發現了很多的銅器窖藏，還有隨葬銅器的貴族墓葬。這

35　參閱中國科學院考古研究所編著《灃西發掘報告》，（1955–1957 年陝西長安縣灃西鄉考古發掘資料），文物出版社，1963 年。

　　〔作者補注〕灃東鎬京遺址工作，見《1961–62 年陝西長安灃東試掘簡報》，《考古》1963 年 8 期。

　　〔本書增注〕《1979–1981 年長安灃西、灃東發掘簡報》，《考古》1986 年 3 期。中國社會科學院考古研究所：《張家坡西周墓地》，中國大百科全書出版社，1999 年。

36　〔作者補注〕周原建築基址，岐山鳳雛的，見《文物》1979 年 10 期及 1981 年 1 期；扶風召陳的，見《文物》1981 年 3 期。扶風劉家村的先周時代墓葬發掘，見《文物》1984 年 7 期。

些銅器常有重要的銘文（圖 1-30、1-31、1-32、1-33），是研究當時社會歷史的可靠材料[37]。

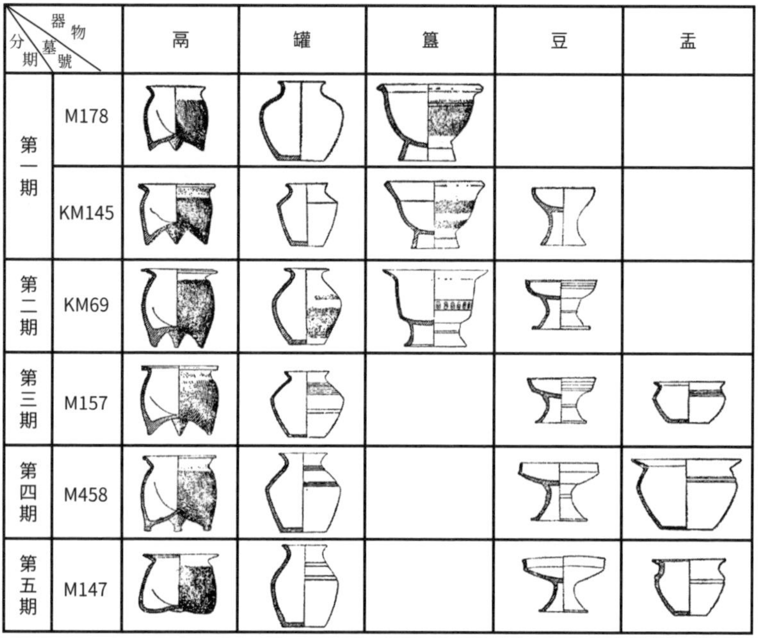

分期＼器物＼墓號	鬲	罐	簋	豆	盂
第一期 M178					
第一期 KM145					
第二期 KM69					
第三期 M157					
第四期 M458					
第五期 M147					

圖 1-27 西周墓葬隨葬陶器比較圖

37 吳鎮烽、雒忠如：《陝西省扶風縣強家村出土的西周銅器》，《文物》1975 年 8 期。陝西周原考古隊：《陝西扶風齊家十九號西周墓》，《文物》1979 年 11 期。陝西周原考古隊：《陝西岐山鳳雛村西周青銅器窖藏簡報》，《文物》1979 年 11 期。〔作者補注〕其他重要銅器，有岐山董家村窖藏坑出土的裘衛四器（《文物》1976 年 5 期）；扶風莊白村窖藏坑出土的微史家族銅器 103 件，有銘文的 74 件，包括牆盤（《文物》1978 年 3 期）；臨潼零口鎮墓中出土的利簋（《文物》1977 年 8 期）；寶雞賈村農民取土發現的何尊（《文物》1976 年 1 期）。

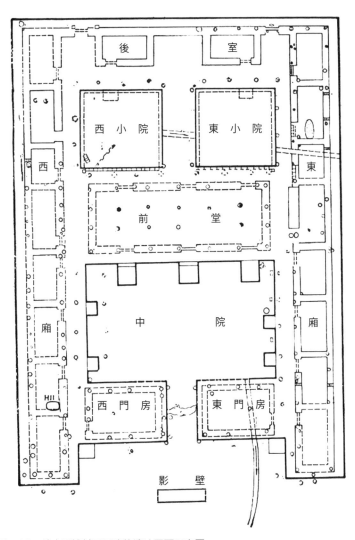

圖 1-28 岐山鳳雛村西周建築遺址平面示意圖

圖 1-29　周原卜甲

圖 1-30、圖 1-31　利簋及其銘文拓片

圖 1-32、圖 1-33　何尊及其銘文拓片

東周時期，鐵器開始出現，城市也發展了。對於東周列國的
都城，如齊臨淄 [38]、魯曲阜 [39]、燕下都 [40]、楚紀南 [41]、晉侯馬 [42] 等，考

38　辜力：《臨淄齊國故城勘探紀要》，《文物》1972 年 5 期。

39　中國科學院考古研究所山東工作隊、曲阜縣文物管理委員會：《山東曲阜考古調查試掘簡報》，《考古》1965 年 12 期。山東省文物考古研究所、山東省博物館、濟寧地區文物組、曲阜縣文管會：《曲阜魯國故城》，齊魯書社，1982 年。

40　楊宗榮：《燕下都半瓦當》，《考古通訊》1957 年 6 期。中國歷史博物館考古組：《燕下都城址調查報告》，《考古》1962 年 1 期。
　　〔作者補注〕又參閱《河北易縣燕下都故城勘察和試掘》，《考古學報》1965 年 1 期。
　　〔本書增注〕河北省文物研究所：《燕下都》，文物出版社，1996 年。

41　湖北省博物館：《楚都紀南城的勘查與發掘》（上）（下），《考古學報》1982 年 3 期、4 期。

42　陶正剛、王克林：《侯馬東周盟誓遺址》，《文物》1972 年 4 期。
　　〔作者補注〕侯馬古城遺址發掘簡報，見《文物參考資料》1957 年 10 期，1958 年 12 期；《考古》1959 年 4 期，1963 年 5 期。
　　〔本書增注〕山西省考古研究所侯馬工作站：《晉都新田》，山西人民出版社，1996 年。山西省文物工作委員會：《侯馬盟書》，文物出版社，1976 年。

古人員都不同程度地做了勘查和部分的發掘，並且將所得的結果
陸續發表。曲阜魯城的報告，最近（1982 年底）已加發表。至於
東周時期重要的貴族墓葬，已經發掘的有上村嶺的虢國墓地 [43]，
壽縣蔡侯墓 [44]，輝縣固圍村的魏墓 [45]，江陵 [46]、長沙 [47]、信陽的楚墓 [48]
（圖 1-34 、 1-35），以及近年發掘的平山中山國王墓 [49]（圖 1-36）

43　中國科學院考古研究所編著：《上村嶺虢國墓地》（黃河水庫考古報告之三），科學出
　　版社，1959 年。

44　安徽省文物管理委員會、安徽省博物館：《壽縣蔡侯墓出土遺物》，科學出版社，
　　1956 年。

45　中國科學院考古研究所：《輝縣發掘報告》，科學出版社，1956 年。

46　郭德維：《江陵楚墓論述》，《考古學報》1982 年 2 期。湖北省博物館、華中師範學
　　院歷史系：《湖北江陵太暉觀 50 號楚墓》，《考古》1977 年 1 期。
　　〔作者補注〕荊州地區博物館：《湖北江陵馬山磚廠一號墓出土大批戰國時期絲織
　　品》，《文物》1982 年 10 期。湖北省荊州地區博物館：《江陵天星觀 1 號楚墓》，《考
　　古學報》1982 年 1 期。
　　〔本書增注〕湖北省荊州地區博物館：《江陵馬山一號楚墓》，文物出版社，1985 年。

47　〔作者補注〕長沙中、小型楚墓，可參閱中國科學院考古研究所：《長沙發掘報告》，
　　科學出版社，1957 年。
　　〔本書增注〕湖南省博物館等：《長沙楚墓》，文物出版社，2000 年。

48　〔作者補注〕信陽長台關楚墓，可參閱《文物參考資料》1957 年 9 期；《考古通訊》
　　1958 年 11 期。
　　〔本書增注〕河南省文物研究所：《信陽楚墓》，文物出版社，1986 年。

49　河北省文物管理處：《河北省平山縣戰國時期中山國墓葬發掘簡報》，《文物》1979
　　年 1 期。
　　〔本書增注〕河北省文物研究所：《響墓 —— 戰國中山國國王之墓》，文物出版社，
　　1996 年。

圖 1-34　信陽楚墓錦瑟殘片　　　　圖 1-35　信陽楚墓大鼓鼓環

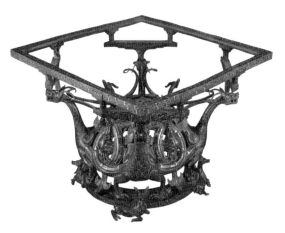

圖 1-36　平山中山王墓錯金銀四龍四鳳銅方案座

圖 1-37　曾侯乙溫酒器

圖 1-38　曾侯乙尊和盤

和隨縣曾侯墓[50]（圖 1-37、1-38、1-39）。這些墓都出土了許
多精美的隨葬品，其中尤為重要的是蔡侯墓的大批青銅器，
中山國王墓的金銀鑲嵌銅器和有長篇銘文的銅禮器，曾侯墓的
整架編鐘，信陽楚墓的漆器，以及江陵馬山一號楚墓的絲織物
（圖 1-40、1-41、1-42、1-43、1-44、1-45）。馬山一號楚墓是
1982 年初發掘的，出土有花紋精美的織錦和刺繡，保存完整，色
澤鮮豔，不下於中國各處發現的漢唐絲織物，但是年代比它們中
最早的絲織物還要早一二百年。

50　　湖北省博物館：《曾侯乙墓》，文物出版社，1989 年。

圖 1-39　曾侯乙編鐘

圖 1-40　素紗綿袍（江陵馬山楚墓）

圖 1-41　一龍一鳳相蟠紋繡紫紅絹單衣（江陵馬山楚墓）

圖 1-42　小菱形紋錦面綿袍（江陵馬山楚墓）

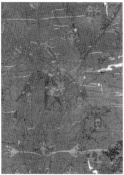

圖 1-43　鳳鳥紋繡
　　　　（江陵馬山楚墓）

圖 1-44　大菱形紋錦
　　　　（江陵馬山楚墓）

圖 1-45　田獵紋縧
　　　　（江陵馬山楚墓）

延伸閱讀

● 豐鎬遺址

　　豐鎬遺址位於西安市西郊，在渭河支流 —— 灃河的兩岸。據史書記載，文王都豐（灃河西岸），武王都鎬（灃河東岸）。此遺址當是西周初年的豐鎬所在。1951 年以後，中國考古研究所一直進行調查發掘。在西岸曾發現數座版築基址，瓦、陶製水管道，銅器、陶器、骨角器的作坊遺址；在東岸曾發現大量的瓦、版築基址、柱礎石、井、白灰牆皮殘片等，皆係西周時代的遺跡、遺物。在西岸的遺址中心地帶，曾發掘墓葬四百餘座，車馬坑十數座，西周晚期窖藏銅器，西周時代卜骨，等等。春秋時代以後，其地因遠離政治中心，遂行衰廢。漢武帝掘昆明池，東岸遺址多遭掘毀。

● 周原遺址

　　周原遺址位於陝西省西部，地處岐山南麓，是一處地跨扶風、岐山兩縣，相當廣闊的周代遺址。據史書記載，周族祖先古公亶父為避犬戎之患，來往於岐山南麓，築為岐邑。直到文王移豐京，此地一直是西周早年的根據地，也可以說是周王朝的發祥地。

　　岐山縣的鳳雛和扶風縣的召陳，都發現了被認為是西周時代的宮室、宗廟遺址的大型建築基址。特別是在鳳雛還出土了大量西周時代的刻辭卜甲。除了瓦和白灰牆皮的殘片以外，還發現了一般的居址、西周時代的墓葬，以及銅器、骨器、製陶作坊，等等。據推定，這裏曾經是一處規模相當大的都邑。此外，在這裏還發現了西周晚期的窖藏銅器（從漢代以來，此地即不斷掘出銅器）。推測當是厲王奔彘，或是犬戎入侵、平王東遷之際，貴族們倉皇出走，將不能帶走的傳家重器，暫時掩藏地下的。從銅器的銘文上看，不論姬姓或是異族，都是居住在這塊土地上的貴族。最近，這裏還發現了比西周時代更早的遺址、墓葬；從遺物的年代上推斷，很有可能包含相當於文王以前的時代。

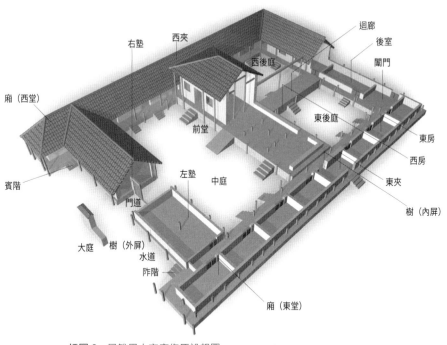

插圖 6　鳳雛周人宗廟復原設想圖

插圖 7 召陳周王明堂與寢宮復原設想圖

秦漢時代

　　秦始皇於公元前 221 年統一了中國。他的陵墓在西安附近的臨潼 [51]。陵東於 1974 年、1976 年發現了幾座兵馬俑坑 [52]，坑中埋有多達六千件的陶武士俑和一些馬俑，還有木製的戰車等（圖 1-46、1-47）。一車四馬，排列整齊。人馬的大小和真的相近，造型生動。1980 年又在陵墓西側發現一座埋藏二輛銅製車馬的坑，銅車上還有銅製的御者俑。其中一輛已經修復完畢，秦俑坑博物館另建一室於 1983 年 10 月起加以展出 [53]（圖 1-48、1-49、1-50）。1962–1982 年間，在秦的都城咸陽曾

51　陝西省文物管理委員會：《秦始皇陵調查簡報》，《考古》1962 年 8 期。

52　皇陵秦俑坑考古發掘隊：《秦始皇陵東側第二號兵馬俑坑鑽探試掘簡報》，《文物》1978 年 5 期。陝西始皇陵秦俑坑考古發掘隊、秦始皇兵馬俑博物館編，田邊昭三監修：《秦始皇陵兵馬俑》，平凡社，1983 年。
　　〔作者補注〕第一號兵馬俑坑試掘簡報，見《文物》1975 年 11 期。

53　〔作者補注〕秦始皇銅車馬坑的清理和二號車馬的修復，見《文物》1983 年 7 期。
　　〔本書增注〕秦始皇兵馬俑博物館、陝西省考古研究所：《秦始皇陵銅車馬發掘報告》，文物出版社，1998 年。

圖 1-46　秦始皇陵披甲跪俑　　**圖 1-47　秦始皇陵兵馬俑二號坑出土情況**

多次調查和發掘 54，發現有宮殿的遺跡，殘留的牆壁下還保存着小部分的彩色壁畫。

54　陝西省社會科學院考古研究所渭水隊：《秦都咸陽故城遺址的調查和試掘》，《考古》
　　1962 年 6 期。陝西省博物館、文管會勘察小組：《秦都咸陽故城遺址發現的窯址和
　　銅器》，《考古》1974 年 1 期。王世民：《秦始皇統一的歷史作用 ── 從考古學上看
　　文字、度量衡和貨幣的統一》，《考古》1973 年 6 期。
　　〔作者補注〕咸陽宮殿遺址發掘簡報，見《文物》1976 年 11 期和《考古與文物》1980
　　年 2 期。
　　〔本書增注〕陝西省考古研究所：《秦都咸陽考古報告》，科學出版社，2004 年。

圖 1-48　秦始皇陵二號銅車馬全景

圖 1-49　修復後的車輿

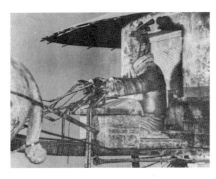

圖 1-50　御官執轡情況

　　漢代的都城長安和洛陽是 1949 年以來長期調查和發掘的重點古城遺址 [55]。在漢長安城（圖 1-51），除了勘察城牆、城門、宮殿和主要街道，還發掘了四座城門（圖 1-52），城內的未央宮北的椒房殿和宮東的武庫（圖 1-53、1-54），南郊的禮制性建築。在漢魏洛陽城，發掘了城南的明堂、辟雍和靈台（圖 1-55、1-56），還有南郊的刑徒墓 [56]。

55　岡崎敬：《漢代における長安と洛陽：新中國の考古學的調查を中心として》，《東洋史研究》16（3），1957 年。中國社會科學院考古研究所漢城工作隊：《漢長安城武庫遺址發掘的初步收穫》，《考古》1978 年 4 期。
　　〔作者補注〕漢長安城的發掘，可參考《考古通訊》1957 年 5 期和 1958 年 4 期；漢長安城南郊禮制建築遺址發掘，見《考古》1960 年 7 期。
　　〔本書增注〕中國社會科學院考古研究所：《漢長安城未央宮 —— 1980-1989 年考古發掘報告》，中國大百科全書出版社，1996 年；《漢長安城武庫》，文物出版社，2005 年；《西漢禮制建築遺址》，文物出版社，2003 年。

56　中國科學院考古研究所洛陽工作隊：《東漢洛陽城南郊的刑徒墓地》，《考古》1972 年 4 期。中國科學院考古研究所洛陽工作隊：《漢魏洛陽城初步勘查》，《考古》1973 年 4 期。中國科學院考古研究所洛陽工作隊：《漢魏洛陽城南郊的靈台遺跡》，《考古》1978 年 1 期。
　　〔本書增注〕中國社會科學院考古研究所：《漢魏洛陽故城南郊禮制建築遺址 —— l962-1992 年考古發掘報告》，文物出版社，2010 年；《漢魏洛陽故城南郊東漢刑徒墓地》，文物出版社，2007 年。

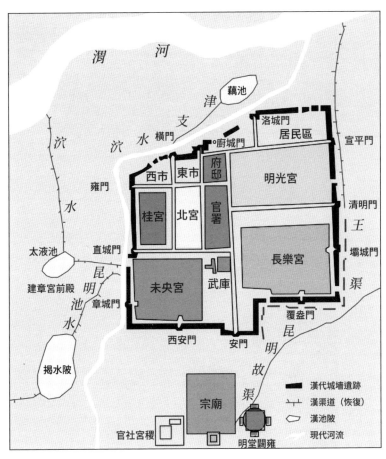

圖 1-51　西漢長安城平面示意圖

圖 1-52　漢長安城宣平門遺址

圖 1-53　漢長安城 ── 西漢武庫七號遺址

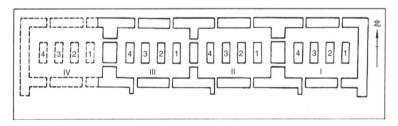

圖 1-54　漢長安城 —— 武庫七號遺址平面示意圖

圖 1-55　漢魏洛陽城 —— 東漢靈台遺址

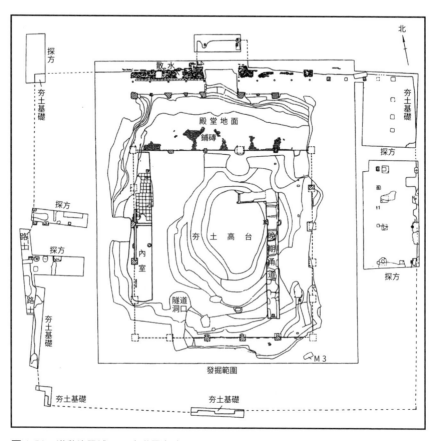

圖 1-56　漢魏洛陽城 —— 東漢靈台遺址平面示意圖

　　1949 年以來發掘的漢墓總數逾萬座，其中以長沙馬王堆軑
侯家族墓[57]、滿城中山靖王劉勝夫婦墓[58] 和廣州象崗南越文王墓最
為重要。馬王堆漢墓共有三座，出土大量精美的織錦和刺繡等絲
織物、漆木器、帛畫（圖 1-57）、帛書、簡書，還有一具保存完
好的女屍；滿城漢墓（圖 1-58）出土了兩套完整的金縷玉衣和許
多錯鑲金銀或鎏金的精美銅器（圖 1-59、1-60、1-61）。南越文
王墓，是 1983 年八九月間發掘的。墓由石板砌築，共有七室。
出土有絲縷編綴的玉衣，"文帝行璽"金印，許多精美的隨葬物，
如角形玉杯、金鈎玉飾、"文帝九年"銅鏡八件，銅鐘二套十九
件，石磬二套十八件，還有各種銅器、玉飾、陶器等[59]。最近幾

57　上海市紡織科學研究院、上海市絲綢工業公司文物研究組：《長沙馬王堆一號漢墓出
　　土紡織品的研究》，文物出版社，1980 年。
　　〔本書增注〕湖南省博物館、中國科學院考古研究所：《長沙馬王堆一號漢墓》，文物
　　出版社，1973 年。湖南省博物館，湖南省文物考古研究所：《長沙馬王堆二、三號
　　漢墓》第一卷：《田野考古發掘報告》，文物出版社，2004 年。

58　中國社會科學院考古研究所、河北省文物管理處：《滿城漢墓發掘報告》（上、下），
　　文物出版社，1980 年。中國科學院考古研究所技術室：《滿城漢墓"金縷玉衣"的清
　　理和復原》，《考古》1972 年 2 期。

59　〔作者補注〕南越文王墓發掘簡報，見《考古》1984 年 3 期。
　　〔本書增注〕廣州市文物管理委員會、中國社會科學院考古研究所、廣東省博物館：
　　《西漢南越王墓》（上、下），文物出版社，1991 年。

圖 1-57-1　馬王堆一號西漢墓出土帛畫　　圖 1-57-2　馬王堆一號西漢墓出土帛畫線圖

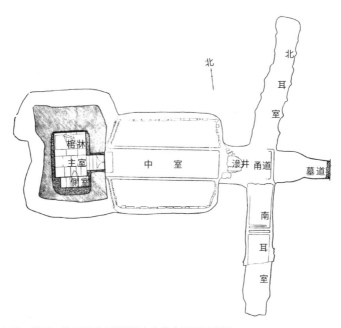

圖 1-58 滿城一號西漢墓（劉勝墓）的墓室平面示意圖

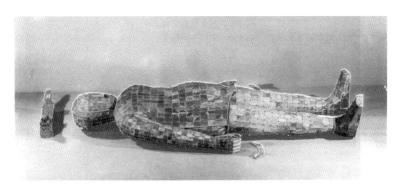

圖 1-59 劉勝墓出土金縷玉衣（復原）

年，在漢代居延塞一帶的烽燧中發現漢簡一萬九千餘枚[60]。這對於研究漢代烽燧和戍役制度以及社會生活，都是很重要的資料。漢簡資料仍在整理中。

圖 1-60　滿城二號西漢墓（劉勝妻竇綰墓）
出土長信宮燈

圖 1-61　劉勝墓出土錯金銅博山爐

60　甘肅居延考古隊：《居延漢代遺址的發掘和新出土的簡冊文物》，《文物》1978 年
1 期。
〔本書增注〕甘肅省文物考古研究所、文化部古文獻研究室、中國社會科學院歷史研
究所、甘肅省博物館：《居延新簡》，文物出版社，1990 年。

延伸閱讀

● 長沙馬王堆軑侯家族墓

馬王堆漢墓位於長沙市東郊,是西漢前期長沙國丞相軑侯及其家族的墓葬。二號墓為公元前 168 年死去的第一代軑侯利蒼的墓,三號為軑侯兒子的墓葬,一號為軑侯利蒼夫人的墓葬。

一號墓為有封土的豎穴土坑墓,有木棺木槨。由於未遭盜掘,並且在槨的四周積炭和用白膏泥封閉得極為嚴密,所以墓中的屍體保存得很好。隨葬品放在棺槨的四周,有 T 字形彩繪帛畫、絲織品、樂器、木俑、陶器等,金銀器為數不多。寫在竹簡上的"遣冊",開列了隨葬品的清單,可以和墓中隨葬品相對照,非常寶貴。

插圖 8　馬王堆一號西漢墓棺內女屍

三號墓也未遭盜掘。墓中出土了 T 字形彩繪帛畫、車馬行列圖和導引、氣功圖帛畫，還有《易經》《老子》以及一些先秦佚書等帛書，都是非常重要的歷史文獻資料。

二號墓由於遭到很嚴重的盜掘，隨葬品中除了"利蒼""軑侯之印""長沙丞相"的鎏金銅印和玉印、銅兵器、容器等，未見其他重要遺物。

魏晉南北朝時期

魏晉南北朝時期，中國長期處於分裂的局面，北方遊牧民族又大規模侵入中原，一般史書認為是政治混亂和文化衰落的時期。但是中原的漢族大量南遷，開發了南方。對外的文化交流也有所發展。所以，這一時期在文化史上仍是個繁榮時期。佛教自東漢時傳入中國，到這時大為盛行。佛教藝術也空前發達。1980

圖 1-62　孔望山摩崖造像

年發現的連雲港孔望山摩崖造像[61]（圖 1-62），發現者認為其中有些是東漢的佛教造像。但是所謂"佛教造像"的時代是否早到東

61　李洪甫：《孔望山造像中部分題材的考訂》，《文物》1982 年 9 期。連雲港市博物館：《連雲港市孔望山摩崖造像調查報告》，《文物》1981 年 7 期。
〔作者補注〕阮榮春：《孔望山造像時代考辯》，《考古》1985 年 1 期。
〔本書增注〕中國國家博物館田野考古研究中心等：《連雲港孔望山》，文物出版社，2010 年。

漢，題材是否屬於佛教，目前仍有不同的看法。幾個有名的石窟寺如大同雲岡[62]、洛陽龍門[63]（圖 1-63）、敦煌莫高窟等[64]，都創始於北魏時期。這幾年我們對於這些石窟寺，都做了保護和研究的工作。南北朝的墓葬，我們也發掘了一些，有了一定的收穫，例

圖 1-63 洛陽龍門石窟賓陽洞魏孝文帝禮佛圖

62　水野清一：《中國の仏教美術》，平凡社，1968 年。長廣敏雄：《雲岡石窟 —— 中國文化史跡》，世界文化社，1976 年。
　　〔作者補注〕可參閱：《雲岡石窟》，文物出版社，1977 年。

63　水野清一等：《龍門石窟の研究》全三卷，同朋舍，1980 年。
　　〔作者補注〕可參閱：《龍門石窟》，河南人民出版社，1973 年；龍門文物保管所：《龍門石窟》，文物出版社，1980 年。

64　敦煌文物研究所編：《敦煌莫高窟》全五卷，文物出版社、平凡社合作出版，1980–1982 年。敦煌文物研究所編：《敦煌石窟》，平凡社，1982 年。

如遼寧北票馮氏墓出土的玻璃碗和金飾[65]。1980年內蒙古呼倫貝爾盟大興安嶺北部的嘎仙洞發現了刻有443年北魏銘文的鮮卑石洞，解決了鮮卑族的發源地問題[66]。

中國和日本的正式交往，據記載實始於東漢初年。建武中元二年（57年），光武帝受日本使節的朝賀，賜以印綬。這印也許便是日本志賀島出土的那件"委奴國王"印[67]。到了這一時期，中日的交通更為發達起來了。日本古墳中所發現的中國銅鏡和錯金紀年鐵劍等，便是明證。至於三角緣神獸鏡的問題[68]，我的同事王仲殊所長曾根據中國方面新發現的大量銅鏡，對這一問題作了探索。他於1981年發表論文，認為三角緣神獸鏡應係東渡的吳國工匠在日本製作的。這個研究結果曾引起中日兩國考古學界很大的注意。

1974–1977年安徽亳縣曹操家族墓羣中的一座墓[69]發現有字磚139塊，其中9號磚有建寧三年（170年）的年號，74號磚文

65　〔作者補注〕黎瑤渤：《遼寧北票縣西官營子北燕馮素弗墓》，《文物》1973年3期。
　　〔本書增注〕遼寧省博物館：《北燕馮素弗墓》，文物出版社，2015年。

66　米文平：《鮮卑石室的發現與初步研究》，《文物》1981年2期。

67　岡崎敬：《"漢委奴國王" 金印の測定》，文藝春秋，1976年。

68　王仲殊：《關於日本三角緣神獸鏡的問題》，《考古》1981年4期。
　　〔作者補注〕後來發表的還有王仲殊：《關於日本的三角緣佛獸鏡》，《考古》1982年6期；《日本三角緣神獸鏡綜論》，《考古》1984年5期。

69　田昌五：《讀曹操宗族墓磚刻辭》，《文物》1978年8期。殷滌非：《對曹操宗族墓磚銘的一點看法》，《文物》1980年7期。

為"有 × 人以（？）時（？）盟（？）不"七字。"人"前一字或釋為"倭"，或釋為"佞"，原字難認，但並不像是"倭"字。有人認為這是中國發現最早的記有"倭人"的實物，未免下結論過早，不僅"倭"字難以確認，並且這些磚文都是製磚匠信手刻畫的。它們的內容不外乎發洩牢騷，記載墓主人的官爵、郡望和姓名，以及紀時、題名和計數之類，而非史家記載史事的，所以似乎不會有記載"倭人"與中國訂"盟"這類事情的。

延伸閱讀

• 鮮卑族

鮮卑族是古代北方遊牧民族之一，其發祥地在黑龍江上游額爾古納河附近（現內蒙古東部），後遷徙至西拉木倫河流域（現遼寧省西部）。戰國時代以前，鮮卑與烏丸同屬東胡一支；至漢代，處在匈奴統治下。東漢末年，有檀石槐者（137–181 年）出，統一諸部族，擊破匈奴，佔據蒙古高原，並入侵東漢。晉代以來，慕容、乞伏、禿髮、宇文、段、拓跋諸部世襲首領於北方草原地帶紛紛自立，擴充實力。西晉滅亡之後，趁中原混亂，乃入侵華北，先後建立前燕（慕容氏）、後

燕（慕容氏）、西秦（乞伏氏）、南涼
（禿髮氏）等國。其後，拓跋氏於386
年建國，國號（北）魏，逐漸南下。
到太武帝時，終於統一中國北方大部
地區，奠定了北朝的基礎。此次發現
的嘎仙洞，位於嫩江西岸支流甘河上
源〔按：日文原注誤作"黑龍江支流
的松花江最上游"，今訂正〕（鄂倫春
自治旗），其地處於大興安嶺的東側。

插圖 9　北魏彩繪陶駱駝俑

● 三角緣神獸鏡

　　三角緣神獸鏡是指中國製的神獸鏡之中，其外緣的斷面呈三角形而
直徑超過 20 厘米的大銅鏡。其內圈花紋，由若干組神仙像和獸形組成。
根據其花紋中神獸的數目，大致上可分為四神四獸式、三神三獸式、二
神二獸式幾種。其他的神獸鏡上的神仙像，大部分為東王公、西王母、
伯牙彈琴等題材；神仙和獸形之間的位置關係，也作有機的關聯。與此
相反，三角緣神獸鏡上神仙的表現手法已明顯趨於類型化；多數銅鏡上
的神仙和獸形之間已失去有機的聯繫。這是兩者最大的不同之處。

　　學者們對於帶有魏景初三年（239 年）、正始元年（240 年）年號，
內圈花紋特殊的一羣銅鏡，一向認為是三國時的魏鏡。重要的是，同
類型式的銅鏡，迄今為止在中國各地均未見出土。最近，學者們也有
主張此為輸出用鏡或由東渡日本的工人所製造的等說法。在日本，主
要是從前期古墳中出土數百面，也還製作了不少仿製品。

隋唐考古學

　　隋唐考古的重點之一是對隋唐都城長安的勘察和發掘。經過多年的工作，我們已經搞清楚它的佈局 [70]。已發掘的重要遺跡包括明德門、西市、青龍寺，以及大明宮內的含元殿、麟德殿（圖 1-64）和重玄門等。其中青龍寺（圖 1-65）是唐代長安有名的寺廟 [71]。日本平安朝（9 世紀前半）入唐求法的有名的僧人所謂"入唐八家"，其中六位即在青龍寺受法。"東密"（日本密宗）的開創大師空海，便是 804 年在青龍寺師從惠果學法的。他們八人回國時帶回書籍便多達一千七百餘部。1973 年曾對青龍寺遺址進行復查和發掘，找出了一座塔基和一座殿堂遺址。隋唐的東都洛

70　中國科學院考古研究所編著：《唐長安大明宮》，科學出版社，1959 年。中國科學院考古研究所西安唐城發掘隊：《唐代長安城考古紀略》，《考古》1963 年 11 期。中國科學院考古研究所西安工作隊：《唐代長安城明德門遺址發掘簡報》，《考古》1974 年 1 期。

〔作者補注〕參閱宿白：《隋唐長安城和洛陽城》，《考古》1978 年 6 期；馬得志：《唐代長安與洛陽》，《考古》1982 年 6 期。

71　中國科學院考古研究所西安唐城發掘隊：《唐青龍寺遺址踏察記略》，《考古》1964 年 7 期。中國科學院考古研究所西安工作隊：《唐青龍寺遺址發掘簡報》，《考古》1974 年 5 期。

〔本書增注〕中國社會科學院考古研究所：《青龍寺與西明寺》，文物出版社，2015 年。前注所提宿白文收入所著《魏晉南北朝唐宋考古文稿輯叢》時，有勘誤和刪補。

圖 1-64-1　唐長安城大明宮麟德殿遺址

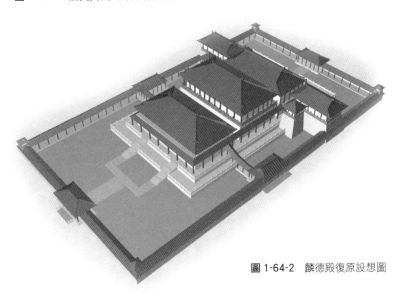

圖 1-64-2　麟德殿復原設想圖

陽城也做了一些調查發掘，現已探出城牆四周、幾座城門和十幾
條街道，發掘了宮城的右掖門和東城內的含嘉倉[72]。

圖 1-65　唐青龍寺遺址

至於墓葬方面，以長安城郊區的隋唐墓和昭陵、乾陵的陪葬
大墓的發掘，最引人注意。這些墓雖都曾被盜，但大都仍保存有
精美的壁畫和色彩鮮豔的彩繪陶俑。其中章懷太子墓壁的禮賓
圖[73]（圖 1-66），三位賓客的中央一位，頭戴羽毛帽，有二鳥羽向

72　河南省博物館、洛陽市博物館：《洛陽隋唐含嘉倉的發掘》，《文物》1972 年 3 期。
　　〔作者補注〕參閱《隋唐東都城址的勘查和發掘》，《考古》1961 年 3 期；《"隋唐東
　　都城址的勘查和發掘" 續記》，《考古》1978 年 6 期。

73　陝西省博物館、乾縣文教局唐墓發掘組：《唐章懷太子墓發掘簡報》，《文物》1972
　　年 7 期。

上直立，帽前着緋紅色，穿大袖白袍，大口袴，腰束白帶，足穿黃革履。或以為是日本使節，據說他的服裝和《舊唐書·日本傳》所記日本使者的服飾相近。實則這畫像我們一般認為是新羅或高麗使者。《舊唐書·高麗傳》說："官之貴者，則青羅為冠，次以緋羅，插二鳥羽及金銀為飾，衫筒（箭）袖，袴大口，白韋帶，黃韋履。"又說："〔新羅國〕其風俗、刑法、衣服，與高麗、百濟略同，而朝服尚白。"適相符合。同書所描寫的日本使臣的服裝是"冠進德冠，其頂為花，分而四散，身服紫袍，以帛為腰帶"，並不相似。到底這畫像是不是日本使節呢？有人勸我可以來請教

圖 1-66　章懷太子墓壁畫

日本的朋友們[74]。不過唐代長安城內興化坊（現為何家村）一個窖藏中所發現的"和同開珎"銀幣，確是從日本進來[75]。這種銀幣鑄於和銅元年（708年），次年便廢銀錢而行銅錢。郭沫若先生認為這

圖 1-67　銀杯（何家村出土）

可能是靈龜二年（716年）的那次遣唐使攜來的[76]。何家村的窖藏一般認為是8世紀中葉安史之亂中長安陷落前逃難的貴族所潛埋的。這窖藏還出土有各種金銀器（圖1-67），藥物，金屬貨幣，包括外國錢幣如日本"和同開珎"、波斯薩珊銀幣和拜占庭金幣（圖1-68、1-69、1-70、1-71）等貴重物一千多件。

　　此外，日本高松塚中發現的那件鑄於7世紀末的海獸葡萄鏡可能是8世紀初攜入日本的[77]，有人以為應與704年返回日本的

74　〔作者補注〕日本朋友也認為不是日本使者，參閱穴澤咊光、馬目順一：《アフラシヤブ都城址出土の壁畫にみられる朝鮮人使節について》一文（《朝鮮學報》第80輯，1976年）。又參閱《考古》1984年12期雲翔一文。

75　陝西省博物館、陝西省文管會革委會寫作小組：《西安南郊何家村發現唐代窖藏文物》，《文物》1972年1期。陝西省博物館、陝西省文管會鑽探組：《唐長安城興化坊遺址鑽探簡報》，《文物》1972年1期。

76　〔作者補注〕郭沫若關於"和同開珎"年代的推斷，見其所著《出土文物二三事》一文，初次發表於《文物》1972年3期，2–4頁。

77　樋口隆康：《高松塚古墳の副葬品と唐代出土品》，《佛教藝術》1972年87期。

圖 1-68　1980 年代出土的外國金幣、銀幣（1、2、4、5 為東羅馬金幣，3、6 為阿
　　　　　拉伯金幣，7 為威尼斯銀幣，8-12 為波斯薩珊銀幣，13、14 為孟加拉銀幣）

以粟田真人為執節使的日本第七次遣唐使團有關[78]。總之，這些新發現的文物（圖 1-72、1-73）可以作為中日兩國人民當時友好往來的物證。

圖 1-69　東羅馬金幣（何家村出土）

圖 1-70　波斯銀幣（何家村出土）

圖 1-71　和同開珎銀幣（何家村出土）

圖 1-72　西安唐獨孤思貞墓出土銅鏡

圖 1-73　日本高松塚古墳出土銅鏡

78　〔作者補注〕見王仲殊：《關於日本高松塚古墳的年代和被葬者》，《考古》1982 年 4 期 410 頁。

延伸閱讀

● 入唐八家

　　"入唐八家"指在日本平安時代初期（9世紀前中葉），隨遣唐使入唐求法，並將密宗傳歸日本的八位留學僧（請益僧），即最澄（傳教大師）、空海（弘法大師）、常曉、圓仁（慈覺大師）、圓行、慧運、圓珍（智證大師）和宗叡等八人。其中，除最澄、常曉外，其餘六人皆在青龍寺受過佛法。八人所傳歸日本的經卷、法器，曾記載於《八家請來目錄》之中；圓仁還著有《入唐求法巡禮行記》。

● 惠果（746-806年）

　　惠果為唐代高僧，京兆府昭應縣人（現陝西省臨潼縣）。最初師事大昭禪師，後從來唐的印度高僧不空三藏受密宗。唐代宗時（762-780年）為內道場護持僧，住長安青龍寺。歷經德宗（780-805年）、順宗（805-806年）計三朝皆為國師。平生傳育弟子多人。空海即從惠果得受不空三藏的密宗真傳。

●《舊唐書·日本傳》《舊唐書·高麗傳》

　　《舊唐書》，五代時後晉劉昫編纂，為有唐一代的斷代史。其後為了和北宋歐陽修等所編纂的《唐書》（《新唐書》）相區別，因稱之為《舊唐書》。《舊唐書》卷199上的《東夷傳》中，有倭國條和日本國條，該

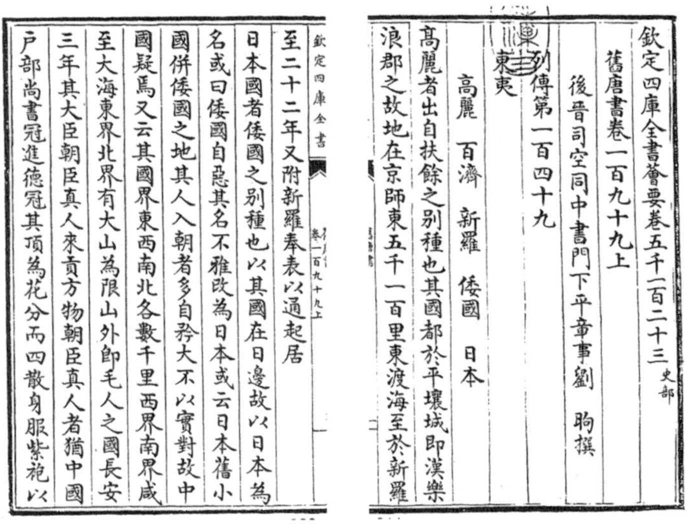
欽定四庫全書薈要卷五千一百二十三 史部
舊唐書卷一百九十九上
後晉司空同中書門下平章事劉 昫撰
列傳第一百四十九
東夷
高麗 百濟 新羅 倭國 日本
高麗者出自扶餘之別種也其國都於平壤城即漢樂
浪郡之故地在京師東五千一百里東渡海至於新羅

欽定四庫全書 卷一百九十九上
至二十二年又附新羅奉表以通起居
日本國者倭國之別種也以其國在日邊故以日本為
名或曰倭國自惡其名不雅改為日本或云日本舊小
國併倭國之地其人入朝者多自矜大不以實對故中
國疑焉又云其國界東西南北各數千里西界南界咸
至大海東界北界有大山為限山外即毛人之國長安
三年其大臣朝臣真人來貢方物朝臣真人者猶中國
戶部尚書冠進德冠其頂為花分而四散身服紫袍以

插圖 10 《舊唐書‧東夷傳》書影

書以為日本國乃倭國之別種。前文所引用的有關服裝的描述，係記載文武天皇大寶三年（703 年）時，作為遣唐執節使而來唐朝的粟田朝臣真人所着的衣冠。該使臣曾在長安的大明宮中拜謁則天武后，並被授以官爵。同書《東夷傳》中高麗條下，曾記述了其貴族一般的服裝。前文所引有關服裝的記述，係引用了該條中關於服裝部分的全文。

- 郭沫若（1892－1978 年）

新中國的文學家、歷史學家、政治家中的表率人物。四川省樂山縣人。原名開貞，號尚武，沫若是他赴日本留學後用的名字。最初，入天津陸軍軍醫學校。以後赴日本第一高等學校預科、第六高等學校、九州帝國大學醫學部等校留學。和日本人佐藤富子（郭安娜）結婚。歸國後，歷任廣東大學文學院院長、北伐軍總政治部宣傳科科長等職。1927 年因蔣介石叛變革命，逃亡日本。這期間寫出了許多文學、歷史方面的重要著作。1937 年秘密歸國，到達重慶。

中華人民共和國成立後，歷任政務院副總理、中國科學院院長、全國人民代表大會副委員長、中國文聯主席、中國共產黨中央委員、中日友好協會名譽會長等職。

作為歷史學家，他以古代史的理論方面為重點，發表了許多甲骨文、金文方面的論著。《兩周金文辭大系圖錄考釋》（1932 年初版），是金文研究方面集大成的著作。有關歷史方面的著作有《中國古代社會研究》（1929）、《卜辭通纂》（1933 年）、《奴隸制時代》（1952 年）、《殷周青銅器銘文研究》等。

● 海獸葡萄鏡

具有西方花紋特色的一種唐代銅鏡。用高浮雕的界圈，將鏡背面劃分為內外兩圈，兩圈上的花紋同樣是沿着波狀的蔓草衍伸出葡萄纏枝紋，再配以龍、獅子等鳥獸昆蟲紋飾。這種銅鏡一般為圓形，也有方形的。

隋及初唐，多大型銅鏡，花紋也極精美。初唐至盛唐此式銅鏡最為流行，盛唐以後逐漸小型化，花紋也漸趨粗略。宋代以後，則多因襲仿製之品。有許多銅鏡是同型、同範的，當時應是採用了蠟模技法。在日本，高松塚古墳、天理市杣之內火葬墓、法隆寺五重塔塔心基礎

等處，都出過這類銅鏡；正倉院以下各神社中作為神寶的同類鏡子，
為數也是很多的。

插圖 11　唐代瑞獸葡萄紋銅鏡

宋以後的考古學

宋及宋以後的考古工作，在瓷窯的調查和發掘方面有不少新發現，重要的工作有浙江龍泉窯址[79]（圖 1-74 、 1-75 、 1-76 、 1-77）、江西吉州窯址、福建德化窯址、陝西耀州窯址的發掘[80]。

圖 1-74 浙江龍泉窯遺址

城市方面有 1982 年宋代開封城的調查和部分發掘，1964–1974 年元代大都城的全面勘察和重點發掘。後者查明了它的街坊佈局和城內水道系統（圖 1-78 、1-79），發掘了和義門

79　朱伯謙、王士倫：《浙江省龍泉青磁窯址調查發掘的主要收穫》，《文物》1963 年 1 期。李知宴：《浙江龍泉青磁山頭窯發掘的主要收穫》，《文物》1981 年 10 期。

80　龍泉窯，見《浙江龍泉縣安福龍泉窯址發掘簡報》，《考古》1981 年 6 期。吉州窯，見《吉州窯遺址概況》，《文物參考資料》1953 年 9 期；《江西吉州窯遺址發掘簡報》，見《考古》1982 年 5 期。德化窯，見《福建德化屈斗宮窯地發掘簡報》，《文物》1979 年 5 期。耀州窯，見《陝西銅川耀州窯》，科學出版社，1965 年。

圖 1-75　龍泉窯黃釉劃花瓷碗

圖 1-77　龍泉窯青釉劃花瓷盤

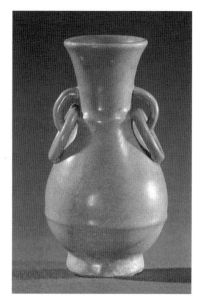

圖 1-76　龍泉窯黃釉雙耳瓷瓶

圖 1-78　元大都和義門甕城遺址

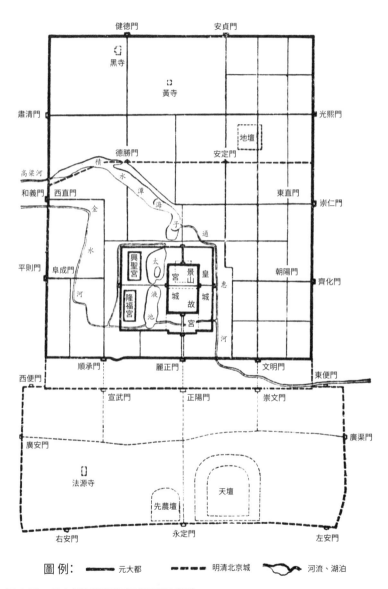

圖 1-79 元大都和明清北京城平面示意圖

甕城和若干民居[81]，發現了大量元瓷。對這裏出土的元瓷的研究，使我們能利用其成果來分析朝鮮新安海底沉船中撈出來的元瓷（圖 1-80、1-81、1-82、1-83），對於這批朝鮮出土的元瓷製作年代和它們所屬的窰口，取得了可喜的研究結果[82]。

圖 1-80　青釉碗（朝鮮新安海底沉船遺物）

圖 1-81　白釉碗（朝鮮新安海底沉船遺物）

81　中國科學院考古研究所、北京市文物管理處元大都考古隊：《元大都的勘查和發掘》，《考古》1972 年 1 期。
　　〔本書增注〕中國社會科學院考古研究所、北京市文物研究所：《元大都》四冊，文物出版社，排印中。

82　〔作者補注〕李德金等：《朝鮮新安海底沉船中的中國瓷器》，《考古學報》1979 年 2 期。

圖 1-82　釉盤（朝鮮新安海底沉船遺物）

圖 1-83　青瓷盞托（朝鮮新安海底
　　　　　沉船遺物）

　　墓葬方面，最重要的是明十三陵之一的定陵的發掘[83]，現已修建成現場博物館（圖 1-84、1-85）。發掘報告現正在趕寫中，不久可以脫稿。明代親王的墓有山東鄒縣魯荒王墓，成都蜀王

83　長陵發掘委員會工作隊：《定陵試掘簡報》，《考古通訊》1958 年 7 期；《考古》
　　1959 年 7 期。
　　〔本書增注〕中國社會科學院考古研究所、定陵博物館、北京市文物工作隊：《定陵》，
　　文物出版社，1990 年。

圖 1-84 北京明定陵地宮

地宮的正殿，停放帝后棺槨

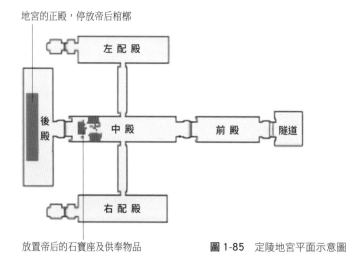

放置帝后的石寶座及供奉物品　　　　**圖 1-85** 定陵地宮平面示意圖

子墓和江西新建寧王墓，南城益端王、益莊王等墓。[84] 除蜀王子
墓曾被盜，僅遺留大批陶俑等之外，其餘都出有珍貴金銀器、玉
器、服裝、織繡物和瓷器，其精美不下於定陵的出土物。魯荒王
墓沒有金器而有文房四寶和琴棋書畫。

84　魯荒王墓，見山東省博物館：《發掘明朱檀墓紀實》，《文物》1972 年 5 期；成都蜀
　　王子墓，見《考古》1978 年 5 期；寧王墓，見《考古》1962 年 4 期；益端王墓，見《文
　　物》1973 年 3 期；益莊王墓，見《文物》1959 年 1 期。
　　〔本書增注〕山東博物館、山東省文物考古研究所：《魯荒王墓》，文物出版社，
　　2014 年。

近代考古學所帶來的豐碩成果

　　"絲綢之路"是漢唐時代中國與西方陸上交通的孔道。1950年代以來，在中國境內沿途的幾個重要中間站曾出土過許多漢唐時代的絲綢，其中以吐魯番阿斯塔那墓地所出的最為豐富和精美[85]。此外，還發現許多波斯薩珊朝銀幣和東羅馬金幣[86]。這條"絲綢之路"上重要中間站的漢代樓蘭遺址[87]，曾作了發掘。另一條渠

85　新疆維吾爾自治區博物館：《新疆吐魯番阿斯塔那北區墓葬發掘簡報》，《文物》1960 年 6 期。竺敏：《吐魯番新發現的古代絲綢》，《考古》1972 年 2 期。新疆維吾爾自治區博物館：《吐魯番縣阿斯塔那─哈拉和卓古墓羣發掘簡報 1963-1965》，《文物》1973 年 10 期。新疆維吾爾自治區博物館、西北大學歷史系考古專業：《1973 年吐魯番阿斯塔那古墓羣發掘簡報》，《文物》1975 年 7 期。吐魯番文書整理小組、新疆維吾爾自治區博物館：《吐魯番晉─唐墓葬出土文書概述》，《文物》1977 年 3 期。新疆維吾爾自治區博物館出土文物展覽工作組：《絲綢之路 ── 漢唐織物》，文物出版社，1972 年。新疆ウイグル〔維吾爾〕自治區博物館編，岡崎敬譯，岡崎敬、西村兵部解說：《漢唐の染織：シルクロードの新出土品》，小學館，1973 年。新疆維吾爾自治區博物館：《新疆出土文物》，文物出版社，1975 年。

86　〔作者補注〕夏鼐：《綜述中國出土的波斯薩珊朝銀幣》，《考古學報》1974 年 1 期；《咸陽底張灣隋墓出土的東羅馬金幣》和《補記》，見夏鼐：《考古學論文集》，科學出版社，1961 年，135-142 頁。

87　地點在由樓蘭中心區向北 70 公里處，古墓葬是由新疆考古研究所穆舜英所長等進行發掘的。井上靖、岡崎敬、NHK〔日本廣播協會〕取材班：《幻の樓蘭‧黑水城》，日本放送出版協會，1980 年。

道是海上航路。在寧波[88] 和泉州[89] 各曾發現五代和南宋時期的海船（圖 1-86）。前者船中有外銷的越窯瓷器，後者船上有從海外運回的大量香料和藥料。我們也注意到從朝鮮、日本、南洋等處一直到非洲東岸各地所發現的中國外銷瓷和中國銅錢。這些都生動地反映了當時中國和亞洲各國的海上交通和貿易的情況。

考古學也為科技史提供了很多重要的實物。在這方面，對冶金、紡織、陶瓷的研究，收穫最大。冶金方面[90]，探討中國早期

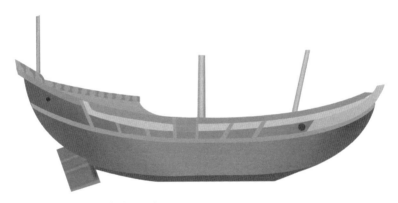

圖 1-86　宋代木製海船復原示意圖

88　林士民：《寧波東門口碼頭遺址發掘報告》，《浙江省文物考古所學刊》1981 年。

89　泉州灣宋代海船發掘報告編寫組：《泉州灣宋代海船發掘簡報》，《文物》1975 年 10 期。

90　〔作者補注〕可參閱：孫淑芸、韓汝玢《中國早期銅器的初步研究》，《考古學報》1981 年 3 期；夏鼐、殷瑋璋《湖北銅綠山古銅礦》，《考古學報》1982 年 1 期；李眾《中國封建社會前期鋼鐵冶煉技術發展的探討》，《考古學報》1975 年 2 期。

銅器的問題，銅礦開採技術和提煉技術，中國周、漢時期煉鐵技術的發展，都有一定成果。陶瓷方面[91]，對於瓷胎、瓷釉的成份和燒製技術，尤其是景德鎮和龍泉窯的歷代瓷器，都做了科學分析和工藝研究。對於陶窯、窯具和作坊，也通過遺跡的發掘做了研究。絲織物方面[92]，對於紡織方法、織機結構等，也都做了分析（圖 1-87）。此外，對於農業、醫藥、天文曆法、地理輿圖等方面，考古新發現也都提供了新資料，取得了一定的研究成果，並促成了科技史研究中這些方面的發展。

　　這三十年來的考古成就，甚至以重要的成就為限，決不是這短短的一個多小時的講演所能都加以介紹的。文物出版社出版

圖 1-87　漢朝畫像石《紡織圖》

91　中國硅酸鹽學會：《中國古陶瓷論文集》，文物出版社，1982 年。

92　〔作者補注〕參閱本書第二章和所引有關文獻。

了一本《文物考古工作三十年》（1979 年），字數達 61 萬字（已譯成日文）。考古研究所編了一本《新中國的考古發現和研究》，共一百來萬字，1984 年 5 月由文物出版社出版。

　　我們這些考古學成就，曾引起中外人士的讚歎。有人認為 20 世紀的後半葉將作為中國考古學的黃金時代被寫入史冊。我想，這是由於過去的落後，所以最近的進展便顯得格外迅速。我們在許多問題上取得了進展，並且填補了許多空白。有人以為只有 1949 年以來史前和早期歷史時期的中國才終於在全世界的考古學地圖上佔有了位置。實際上，我們的工作還是很不夠的。不過，我們總算學到了一些經驗。根據這些經驗，我想，略談一下我對於中國考古學的展望。我們所研究的是"過去"的遺跡和遺物，但是我們也要展望着"未來"。

中國考古學的將來展望

第一，我們要加強理論水平的提高。我們要有一個指導的思想，並且在這一思想的指導下，製訂考古研究的政策和具體的規劃。中國是社會主義國家，指導思想是馬克思主義。真正的馬克思主義尊重客觀事實，"實事求是"。我們這種見解在"文化大革命"中曾遭受一些假馬克思主義者的猛烈批判，說這是資產階級的客觀主義，應該被打倒。1968 年滿城漢墓的發掘是由考古研究所主持的。有些外國朋友後來看到展出的這墓中的出土物和金縷玉衣等的時候，便問我這個考古研究所所長當時是不是在場。我只好說，我那時已"靠邊站"，還在"牛棚"裏呢。現在已經撥亂反正，我們要學習理論，多加思考；並且要加強綜合研究，對於大量的新出土的古物，我們要在整理後細心加以研究，加以闡釋。我們不能只限於描述，並且最好能於研究後提出綜合性的理論性的結論來。我國現在強調社會主義精神文明建設，考古學研究便是這種建設的一個組成部分。

第二，考古學的理論和綜合研究，都要立足於大量的可靠資料。可靠的考古資料主要是有賴於科學的考古發掘。今後一段時間內，中國考古學工作，還應繼續把很大的力量放在考古調查和發掘上。而且考古發掘應該重視工作方法，包括仔細觀察和有系統的正確記錄，而不要只想多挖，以為多挖一定可以碰到一些珍貴的或新奇的古物，可以一鳴驚人。我們要反對挖寶思想，要反對重視考古工作的數量而忽視質量的偏差。考古發掘工作對遺跡是有破壞性的，應加以控制。為了挖寶的考古發掘應加以制止，最近（1982 年 11 月 19 日通過）頒佈的國務院《文物保護法》[93] 中關於考古發掘的規定，便體現了這種要加強控制的思想。發掘工作的水平要不斷地改進和提高，發掘報告的編寫質量和出版速度也要提高，因為考古發掘這項工作應該包括發掘報告的編寫。

第三，要繼續引進自然科學方法到考古領域中來，以解決考古學上的問題。關於斷定年代問題，我在前面說過，我們採用碳 -14 測定法，取得了很大的成果。我們還採用古地磁法、鉀—氬法、熱釋光法（Thermoluminescence）[94] 等以斷定古物年代。關於鑒定古物的成份和製造方法，我們除了普通（濕法）的化學分析之外，還採用了光譜分析、金屬顯微觀察、快中子活性化分析（Neutron activation）、電子探針測定、電子顯微鏡（Electron

---

93　〔作者補注〕《文物保護法》的全文，《文物》1983 年 1 期曾加以刊登。
　　〔本書增注〕《文物保護法》的最新修訂時間是 2017 年 11 月 4 日，經第十二屆全國人民代表大會常務委員會第三十次會議通過，共有 8 章 80 條。

94　〔作者補注〕在中國用這種方法測定數據，見《考古》1979 年 1 期，85–88 頁。又《考古》1981 年 6 期、1982 年 4 期、1983 年 7 期。

Microprobe）測定、X 射線熒光光譜分析等，還做了鑄銅和製陶的模擬試驗。我們做了獸骨鑒定、古木鑒定及孢子花粉分析等，以便了解各時期人類社會的地理環境（包括生物環境）。還有人骨的研究，可以了解當時居民的族種、營養和疾病，也可由墓中死者的性別和年齡推測當時氏族、家族等的社會組織。這些不僅是在考古學上利用自然科學的方法，實際上是一種所謂"多學科的研究"。這方面我們不僅要採用國外考古研究中的先進技術，並且也要採用"多學科的研究工作"的組織方法。

第四，歷史時期考古學中，要儘量採用考古實物和文獻記載相結合的方法。1949 年以前，在中國大學中沒有考古專業，所以現下老一輩的中國考古學家大部分都受過（狹義）歷史學的訓練，然後才搞考古學的。我們認為中國史前考古學和歷史考古學只是中國人民發展的歷史過程中的兩個階段。整個歷史過程應視為一個整體，不能截然分開。歐美考古學由於歷史上傳統的關係，在大學中把二者分屬於兩個或更多的學系中去。中國老一輩的考古學家中一部分是由學文化人類學轉而搞考古學的，因之利用民族志的例子來解釋考古資料，也成為中國考古學的傳統之一。這些方面，我們要繼續加以發展。中國有浩如煙海的文獻記載和豐富多彩的民族志資料，中國考古研究如果要利用這些材料，真是取之不盡、用之不竭的。但是，作為一個考古學家，我們應該以主人翁的身份來利用歷史文獻和民族志等的資料和理論來解決考古學中的問題，而不要使考古學作為狹義的歷史學或民族學的附庸。

第五，至於中國考古學今後的具體規劃，現下我們正在交換意見中，準備在今年（1983 年）5 月份中國考古學會第四次年會中進行討論。[95] 我在這裏只能談談我自己的一點看法。

在時間方面，中國舊石器時代的遺跡和遺物，這三十餘年發現不少，但是缺環仍很多，現下似乎還不能系統地描述整個發展過程和各種文化承前啟後或互相影響的關係。今後需要探尋和發掘有不同文化重疊堆積的遺址。新石器時代的發現，已可以把黃河流域及長江下游的各種文化的序列排出來，並把年代上溯到早期，但是還未能找到農業和畜牧業的起源。這種馴養動植物作為食物是人類經濟生活的一個大突變。製陶術的發明，也是技術上一大貢獻，但是它在中國何時何地開始，也同樣還不能確定。

至於各地的各種新石器文化的分佈範圍和它們的文化內涵，也有許多地方仍不清楚，需要繼續探索。到了青銅時代，中國進到歷史時期。但是夏文化問題，仍在探索中，未能解決。在商文化中，冶銅技術和藝術，甲骨文為代表的文字，用馬駕車，夯土建築等，都出現了，都市也已興起。但是這些文化元素的淵源問

---

95 〔作者補注〕中國考古學會第四次年會於 1983 年 5 月 9 日至 17 日在河南鄭州市召開，曾就第六個五年計劃期間（1981-1985 年）全國考古研究的重點項目進行了討論，也研討了夏文化問題。這次年會的經過，《考古》1983 年 8 期曾有簡單的報道。

題，仍未完全解決。古代重要都市的發掘和研究需要抓緊進行，因為城市的現代化肯定會破壞現下仍保留的大量遺跡。

關於地區方面，新疆和內蒙古的考古工作中新發現不少，但仍有許多空白點；至於西藏幾乎完全空白，亟需加強工作。華南及長江中游以上，史前文化的面貌也不太清楚。有許多古代技術史和中外文化交流史方面的資料，還埋在地下。已經出土的，有許多也亟需進一步深入研究。這些都是較重要的需要解決的具體問題。

最後，我展望考古學方面對外學術交流的前景。近幾年來，我國採取了開放的政策。我們在很多國家，尤其是在日本，舉辦了我國出土文物展覽。這些展覽向各國的考古專家和廣大觀眾介紹中國的古代文化，受到了熱烈的歡迎。我國的考古工作者也曾和許多國家的同行們進行互訪，參加學術討論，進行文化和學術交流。這些方面，今後還會有所發展。今天在座的各位女士們和先生們，我們歡迎您們有機會來中國參觀中國新出土的古物。

延伸閱讀

•《文物保護法》

　　《文物保護法》是 1982 年 11 月全國人民代表大會常委會通過施行的關於文物保護的法律。[96] 1960 年由國務院公佈的《文物保護管理暫行條例》由於（形勢）發展而撤銷。《文物保護法》確定了關於文物保護體制總的規範。《文物保護法》凡 8 章 33 條，計對文物保護單位的設置及保護、考古學的發掘、國家機關的藏品、私人收藏的古物、文物的輸出和流出、文物保護的獎勵及罰則等各個方面，都作了詳細的規定。

　　關於考古發掘的法律規定，載於第 3 章，共 6 條條文。主要內容是：發掘報批制度的確立和申請的義務化，發掘前要作好事前調查以及發現遺跡、遺物要及時報告，外國人作考古學上的調查、發掘，原則上是禁止的。主要的着重點，在於強化對各級文物行政管理部門所進行的發掘，要根據《文物保護法》施行一元化的行政管理。

• 鉀—氬（K-Ar 法）

　　鉀—氬（K-Ar 法）是一種理化學的年代測定法。自然界存在的鉀同位素鉀 −39、鉀 −40、鉀 −41，經常保持一定的比例。其中，鉀 −40

96　〔編者注〕最新修訂時間是 2017 年 11 月 4 日，第十二屆全國人民代表大會常務委員會第三十次會議決定，通過對《中華人民共和國文物保護法》作出修改。

經約 13 億年減為一半；鉀-40 是放射性元素，它通過衰變方式一部分可以成為氬-40 和鈣-40。由鉀-40 衰變而產生的氬-40，隨着年代的增長而有所增加，因而可以利用它來測定年代。測定的對象，主要是火山噴出岩之類的岩石。

由於鉀-40 的半衰期長達 13 億年，所以十萬年以下的細小數值，就很難求得。對放射性碳素的年代測定法來講，這種辦法，適於測定更古老的年代。其測定範圍至少要在十萬年以上。這是一種有效的、以一百萬年為單位測定值的對遠古年代的斷代方法。

- 熱釋光法

熱釋光法是一種理化學的年代測定法。天然的石英和螢石等礦物，在暗處遇熱則會發出熒光。這種現象，稱為熱釋光。這是由於礦物自結晶化之後，經過長時間接受自然界的微量放射線而形成的。發光的強度和其所受放射線的量呈正比。

人類所製作的陶器，在焙燒過程時需要加 500℃ 以上的高溫。黏土中所含的石英等礦物，在陶器燒製時，由於受到高溫，結晶體中過去所貯存的能量已全部釋放出來（釋光），僅僅剩下燒成後所受到的放射線量（影響）可以一直累積蓄存到現在。因而，如果將這些陶器重新加以高溫，以測定其釋光量，則可以知道，其釋光量越強，該陶器燒製的年代就越是古老。陶器的年代，可以根據陶器所受的放射線總劑量除以陶器所受的放射線年劑量計算出來。在日本，在測定繩紋陶器的年代方面，經常利用這種方法。

● 光譜分析（Spectral analysis）

　　光譜分析是一種分析化學成份的方法。物質在火花和弧光似的高能之中分解、蒸發，其所含的元素，會分別發出帶有特徵波長的光來。如果將這種光在分光器中加以分析，測出其波長與強度，則可以知道其所含元素的種類、成份及含量。適用於無機物諸如金屬、合金、礦石的微量分析，主要應用於測量元素種類的定性分析方面。

● 快中子活性化分析

　　快中子活性化分析是一種分析化學成份的方法。用熒光 X 線分析不易測出其含量的少量元素，可用這種方法來分析。將供分析的試料做成粉末，放入原子反應堆中用中子照射，則試料中所含有的各種元素將會分別按照照射條件反應出放射性同位素。各種元素所持有的放射性能不同，因而能測定出其所含元素的種類與數量。

● 電子探針測定

　　電子探針測定是一種分析化學成份的方法。其分析的原理，基本上和 X 射線熒光光譜分析是一致的。但它具有可以分析一平方微米以下的極小面積的特點，即〔利用聚集的高能電子束轟擊固體表面以〕激發試料上一平方微米大小的區域〔使之發出特徵 X 射線〕。對一立方微米體積內，僅存 0.1% 程度的某種元素，也可以檢查出來。試驗時，要藉助於光學顯微鏡，一方面觀察試料，一方面進行分析。實際上這是電子顯微鏡和 X 射線熒光譜儀組合起來的一種儀器。

• X 射線熒光光譜分析

　　X 射線熒光光譜分析是一種分析化學成份的方法。當所要分析的試料，受到 X 射線（原級 X 射線）的激發，則試料中所含的元素會分別發射出帶有特徵的 X 射線（熒光 X 射線）或次級 X 射線。測量這種熒光 X 射線的波長與強度，就可據以測出其所含元素的種類及含量。

附文一：新中國的考古學 [97]

　　中華人民共和國成立十幾年來，作為歷史科學中的一門學科 —— 考古學，有了新的發展。工作的規模擴大了，研究的方法改進了，年輕的考古工作幹部也大量地培養出來了。在國家大規模的經濟建設工作中，許多地方發現了古代居住遺址和古墓，出土了許多重要的古物，為考古學的研究提供了豐富的資料。全國科學研究機構、文物機構和高等學校裏有大批的考古研究工作者，進行野外和室內工作，從實物史料來探究我國古代的歷史，取得了不少成績。這樣，就進一步地推動了考古學的發展。

　　新中國的考古收穫是十分豐富的 [98]，這裏就幾個重要方面的問題作些論述。

　　我們知道，在對沒有文字的人類社會歷史的研究中，考古資料起着主要作用。人類的起源問題和人類在我國境內開始居住的時間問題，是要依靠考古學和古人類學的研究才能得到解決的。

97　本文原載《紅旗》1962 年第 17 期，《考古》1962 年第 9 期轉載。又見《夏鼐文集》第一冊，社會科學文獻出版社，2017 年。

98　詳細報道見中國科學院考古研究與所編輯的《新中國的考古收穫》，文物出版社，1961 年版。

三十多年前，發現了北京猿人（即"中國猿人北京種"）及其文化，證明人類很早便居住在我國境內，我國可能是最初人類形成的搖籃之一。[99] 1949 年以來，發現了更多的人類化石和舊石器。重要的有山西襄汾縣丁村遺址。這裏於一九五四年發現了丁村人化石及同時出土的二千多件石器，經過研究，知道丁村人比北京猿人為進步。一九六〇年山西芮城縣匼河出土的石器，據發現人說，比北京猿人還要早一些。現在我們可以將我國境內人類發展的幾個基本環節聯繫起來了。最近，關於北京猿人是不是最早的、最原始的人這一問題，引起學術界熱烈的爭鳴。北京猿人已知道用火，可以說已進入恩格斯和摩爾根所說的人類進化史上的"蒙昧期中級階段"，不會是最古的最原始的人。匼河的舊石器也有比北京猿人為早的可能。這個問題的最後解決，還需要更多的資料和更深入的研究。

生產工具和生產技術的發展以及人類經濟生活的問題，受到新中國的考古工作者的特別重視。舊石器時代的人們，依靠狩獵和採集為生，利用粗糙的打製石器。他們的經濟生活貧乏，所遺留下來的遺跡和遺物也不多；但是，近年來在山西、內蒙古、陝西、河南等省（區）內，仍發現了舊石器時代的文化地點多處。

---

99 〔編者注〕中國境內的元謀人、藍田人、北京人、和縣人、鄖縣人等都屬於直立人，直立人在後來崛起的智人走出非洲後滅絕，或在此之前就滅絕了。智人是生物學分類中人科人屬下的唯一現存物種。

到了新石器時代，農業的出現引起了經濟生活的深刻變化，人們定居下來了，同時也開始馴養家畜和製造陶器。石製和骨製的工具也有所改進。1949 年以後，新中國的考古學者對於這一時期的農業部落，做了比較廣泛的調查和一定的研究。十幾年來，新發現的新石器時代的遺址在三千處以上，其中經過發掘的有一百多處。例如，西安半坡發掘到一個原始氏族社會的農業村落遺址，保存有許多較好的住屋基址和陶窯，居住地外有一道壕溝，溝外還有當時的氏族公共墓地。考古人員在這裏發現了精美的彩繪陶器和石製或骨製的工具，還發現一個小罐盛着粟子。這種文化類型的遺址，在黃河流域很多（圖 1-88）。在長江流域和東南沿海一帶，也發現了經濟生活與它相同的農業部落遺址，但是文化類型不同。這裏主要糧食是水稻，所使用的陶器和石器類型也不相同。在內蒙古、新疆等草原上又發現了許多不僅文化類型不同，而且經濟生活也不同的文化遺址。他們的住址多是僅有石器和陶片，罕見灰燼堆積層，可能是過着遊牧生活。石

圖 1-88　新石器時代馬家窯文化馬廠類型
　　　　 蛙紋彩陶罐

器多是打製的細石器,與農業部落的磨製的大件石器不同。關於這許多不同類型的文化的相互關係和時代先後等問題,我們正在繼續探討中。此外,因為沒有找到可以確定為新石器時代初期文化的遺跡,所以,對於我國農業和畜牧業的起源問題,還是不能解決。

冶金技術的出現,促進了生產力的增長。在這個時期,我國境內不同地區的居民的歷史發展,出現了顯著的差別。在黃河流域,這時期出現了階級社會、國家和文字。在它的周圍地區的許多部落,雖也有採用了冶銅技術,但仍生活在原始社會裏。1949年後,發現了不少殷商(公元前十六世紀至前十一世紀)和周代(公元前十一世紀至前三世紀)的青銅器。在安陽、洛陽、西安等處,我們都曾發現過整批的青銅器。我們還曾在安陽、鄭州、侯馬等處,發現冶銅的作坊,有泥範和銅渣等出土,因而對於這些精美的青銅器的製造技術,有了進一步的了解。銅和錫的探採、提煉和冶鑄,需要比較複雜的專門知識和技術。青銅製造業和別的手工業跟農業分離了。銅礦和錫礦並不像石器原料的岩石或陶器原料的泥土那樣的到處都有,它們的產地只有幾個地點。由於工業與農業分工,手工業本身各部門的再行分工,於是以交換為目的的商品生產便發生了。青銅可以製造工具和武器。在中國古代有了青銅器的時候,手工業方面已使用青銅工具。但是,農業工具是否大量使用青銅,這在考古學界仍有爭論。

在鐵的發現和冶鐵業的發展後，在農業和工業的工具方面，鐵器逐漸完全代替了石器。我國開始用鐵的時代雖然在早已有了文字的時期中，但是僅僅根據文字記載，仍無法確定究竟在甚麼時候。1949 年後，我們重視對古代鐵製生產工具的研究，並且在這方面有了重要的收穫。我們發現了戰國至漢代的許多早期鐵器，一九五三年還在興隆古洞溝發現了戰國晚期的鑄造農具、車具等的鐵範。一九五八年以來，我們發現好幾個重要的漢代礦坑和煉鐵作坊的遺址（鞏縣鐵生溝、南陽古宛城等），知道當時已有各式冶煉爐、熔爐、鍛爐等，還有礦石加工場、藏鐵坑、配料池、淬火坑等附屬設備。這些發現，表明當時我們的祖先已經了解到鐵礦的特性，發明了高溫的爐子和能產生高溫的燃料，並使用適當的熔劑，以便加速把鐵提煉出來；同時了解到鐵的特性，利用含碳量不同的鐵，製造不同用途的器物，並且知道淬火可以提高鐵的硬度。

對於中國古代另一種重要的手工業 —— 紡織業，我們也有了不少新的考古發現。我們在新石器時代的遺址中，曾發現過許多陶製或石製的紡輪和印有花紋的陶片。對於青銅時代的殷代，在安陽發現的絲織品，有些還織有斜紋的小紋樣，知道當時已有織布機，並且已是一種比較進步的織布機。長沙的戰國墓出土的有花紋更為複雜的絲織品。在新疆尼雅和吐魯番，發現了漢、唐時代的華麗多彩的織錦，說明當時已有了提花機。我國的絲織品從漢代起便已聞名於國外，成為國際貿易中的重要商品。北到西伯利亞，西到敍利亞，都曾發現當時我國輸出的絲織品。我國織造技術在當時是世界上最先進的。

上面已說過，在新石器時代開始有了製陶手工業。1949年後，我們在好幾處都發現了當時的陶窯，研究了它們的結構後，我們對於古代製陶技術有了更多的了解。殷代已有了以高嶺土製造的帶釉陶器，但燒煅火候不及瓷器高，胎子還沒有瓷化。西周時代的帶釉陶器已有所改進，近於瓷器。到了三國時，在南方便有青瓷。在江浙一帶發現了孫吳時代的青瓷器，還發現了晉代和南北朝時的青瓷窯址（圖1-89）。唐宋時代，我國的瓷器更有所改進。我們發現了更多的瓷窯址，還發掘了著名的龍泉窯和耀州窯。在前一處有長龍式的燒窯，在後一處還發現了作坊、晾坯場、堆料場等遺跡。我國重大發明之一的瓷器，從唐宋時代起，也成為國際貿易中的重要商品。在亞洲沿海的許多地方以及非洲的東北部，都曾發現過我國唐宋時代以及以後的瓷器殘片。

商品生產增長後，出現了金屬鑄幣和度量衡工具。1949年後，我們發現了許多早期鐵器時

圖 1-89　東晉越窯青瓷雞首壺

代（戰國和漢代）的貨幣、尺子、量器及天平砝碼，還在秦咸陽遺址找到秦始皇統一全國度量衡的詔版。隋唐時代，國際貿易繁盛，我們在西安等處發現了當時東羅馬的金幣和波斯薩珊朝的銀幣。同貿易有關係的交通運輸工具，我們在河南安陽、輝縣、湖南長沙、廣東廣州等地發現了從殷、周至漢代的車子和漢代的木船與陶船的模型，經過研究，搞清楚了它們的構造。這是 1949 年後的重要收穫之一。

關於古代的社會結構和社會關係的問題，由於問題比較複雜，單獨根據考古資料來解決是比較困難的。但是，對於沒有文字史料的原始社會的歷史面貌，我們主要依靠考古學和民族學的資料來了解它們。1949 年以來，所發現的舊石器時代文化遺址分佈的稀疏和遺址內遺物的貧乏、簡陋和零散，表明它們的社會結構最初還是原始人羣，後來進入了早期氏族社會的階段。新石器時代的農業部落住址的佈局和公共墓地的情況，表明他們起初是繁榮的母權氏族組織，後來進入父權氏族社會。至於某一種文化類型在某一時期內是屬於母權或是父權氏族社會，在學術界還有不同的看法。

在青銅器時代，黃河流域的殷、周王國，已是早期奴隸佔有制的對抗性社會形勢。這時候已有了文字史料，但是仍需要考古史料來加以印證。一九五〇年在安陽武官村發掘了一座殷代晚期的大墓。在墓中和墓外殉葬坑內，發現有三百多人殉葬，有些只

見頭顱而沒有肢體。一九五八年在安陽後岡的一個殉葬坑中發現
埋有五十四個人。在鄭州、輝縣、安陽等一般中型墓中也有殉葬
人的。這些人看來是屬於當時社會中被統治的階級 —— 奴隸。
西安張家坡的西周中期的墓中還是有用人殉葬的，後來便罕見這
種現象了。這可能是奴隸制發達後，奴隸被視為有用的工具而不
輕易殺殉了。西周的社會性質，在史學界是有爭論的。1949 年
以後西安灃西地區的考古發掘，證明西周的生產工具狀況和手工
業技術水平和殷代大體相同。墓葬情況也證明了這一點。戰國
時代起，墓中埋藏陶俑和木俑，許多是代表服役於主人的家庭奴
隸。漢代墓中的明器（倉、灶、井和生活用具的模型）開始佔重
要地位（圖 1-90），反映等級制度的禮器逐漸減少。這表明當時
已由領主封建制轉到了地主封建制。南北朝時期的墓中，常有成
羣的武士俑，可能代表當時有人身依附關係的部曲。

　　自青銅時代起，我國不同
地區的社會發展出現了顯著的
不平衡。奴隸佔有制的殷代和
西周時期，黃河流域中游和下
游以外，仍是保持着原始氏族
社會組織。這可以由 1949 年
以來這些地方所發現的文化遺
跡看出來。在西漢時期，鐵器

圖 1-90　東漢鉛綠釉陶明器建築模型

已代替銅器，漢王朝直接統治下的郡縣已產生了封建社會形態，但在 1949 年後從雲南晉寧石寨山所發掘出來的文物來看，顯示當時該地仍是青銅文化下的奴隸主佔有制。這裏發現的大量銅器中，有許多是表示奴隸從事生產的銅人像。漢代的邊緣地帶，如現今的吉林、黑龍江、海南島等地的屬於漢代的文化遺址及出土物，還保持着新石器時代的傳統，可見這些地區的居民在那時仍然生活在原始氏族社會。

對抗性的階級社會產生後，統治階級為了剝削和奴役與它相對立的階級，國家便在氏族制度的廢墟上產生出來了。根據傳說的資料，我國的國家產生的時代似乎是在夏朝初。可以與文字史料相印證的最早的考古資料，在 1949 年以前僅有殷代晚期的安陽殷墟。1949 年以後，我們有了一系列重要的新發現。一九五二年在鄭州二里崗發現了比安陽小屯為早的殷商遺存，後來在鄭州洛達廟和偃師二里頭等地，又發現了比二里崗為早的文化遺存。這個時期已有了小件的青銅器，陶器中有後來殷代晚期墓葬中所常見的觚、爵的祖型。二里頭類型的文化遺存是屬於夏文化，還是屬於商代先公先王的商文化，目前學術界還沒有取得一致的認識。我國的國家起源和夏代文化問題，雖已有了一些線索，但還需要進一步地研究才能得到解決。

在原始氏族社會的晚期，物質財富增加了。為了防禦的需要，部落或部落的中心地，常以壕溝或城牆圍繞着，或兼而有之。西安半坡的新石器時代遺址，居住區的周圍便有深溝。到了對抗性的階級社會中，防禦的需要更為增加，代表統治階級的政府，更經常築城和挖溝。城市是當時的政治中心，也常常是經濟中心或文化中心。到了春秋戰國時期，許多大城市興起。如齊的臨淄、燕的下都、趙的邯鄲、鄭和韓的新鄭、楚的紀南城（郢都），都圍繞有夯土城牆，現今仍有一部分保存着。1949年後曾進行調查，並加以保護。在山西侯馬發現了東周古城，曾作過幾次發掘，有了重要的收穫。這可能是晉的新田，它在戰國時仍是一個繁盛的都市；遺跡有城牆、壕溝、土台建築址和許多手工業作坊。秦的咸陽城也開始發掘。至於漢、唐的長安城，更是1949年後考古發掘的重點。我們已發掘到古長安的城門、宮殿、街道、市場等遺跡。漢、唐的洛陽城，也已開始鑽探。這些工作進行到一定程度後，將使我們不僅知道當時都市的佈局和建築技術，而且對於當時的政治和經濟方面的情況，也會有更深的了解。

關於精神文化方面的問題，如藝術、宗教等，考古研究的意義也非常重大。1949年以後的考古工作，在這一方面也有不少的收穫。上面提到，對於沒有文字史料的人類社會的研究和了解，考古資料顯然起着主要作用。至於古代造型藝術的研究，即使在有文字史料的時候，也是主要地依靠實物史料。我國新石器時代的彩繪陶器，它的藝術價值是舉世公認的。1949年以後，累積的材料增多了，經過考古工作者的分析研究，可以看出它的花紋結構的匠心和它演化的過程。安陽、西安等處出土殷周時代的青銅器和玉器，信陽和長沙的戰國漆器，望都與遼陽的漢墓壁畫，四川的漢畫像磚，沂南和安丘的畫像石，新疆的漢唐織錦，曲陽和成都的佛教石刻造像，炳靈寺等新發現的石窟寺中的造像和壁畫，戰國及以後各地的銅鏡（尤其是長沙的楚鏡和洛陽的唐螺鈿鏡，如圖 1-91）和陶俑（尤其是西安的唐三彩俑，如圖 1-92），六朝的越窯和唐宋的白瓷、青瓷，晉寧石寨山的銅器等，這些在 1949 年後所發現的重要藝術品，是我國藝術史上的珍品，也是世界藝術史上的瑰寶。至於一般的藝術品，更是數以萬計。因為它們是考古工作中的發現，不僅不會屬有假古董，而且由於出土物的共存關係，多數是可以精確地斷定年代的。有了這一批有確定年代的標本作為準繩，對於我國各時代的藝術風格

圖 1-91　東漢仙人神獸紋青銅鏡

圖 1-92　唐彩繪陶樂女俑

特點和每一時代如何繼承及發展前一時代的藝術傳統等問題的研究，都有了可靠的基礎。考古工作者與藝術史家協作，共同研究這些材料，對於中國藝術史的研究一定會做出重要的貢獻。而畫像石、壁畫、陶俑、木製或陶製模型等，又為建築、音樂、戲曲、舞蹈等方面的藝術史的研究，提供了珍貴的資料。

在宗教信仰方面，根據考古資料，在我國至遲在新石器時代人們已有靈魂不死的觀念，當時埋葬死者還隨葬着生活用具和飲料食物，以便他們死後仍可享受。新石器時代晚期的陶且（祖）的發現，表明當時有生殖器崇拜的習俗。至於彩陶上所繪的各種動物花紋是否代表圖騰崇拜或僅是美術裝飾，在學術界仍存在着不同的看法。新石器時代晚期已有占卜術，我們在各地發現有卜骨和卜甲。到了殷商時代，占卜術更為盛行，政府中有專職的貞人，卜骨或卜甲上還刻有文字。周代占卜術衰落，但仍有少數占卜的甲骨出土。戰國時代楚墓中的"鎮墓獸"和漆器花紋上的怪獸，是楚人"信巫鬼"的表現。東漢晚年墓中有的朱書"鎮墓罐"，南朝墓中的堆塑人獸的"魂魄

圖 1-93　西晉越窯神人樓閣紋青瓷瓶（魂瓶）

瓶"，南北朝時開始出現的墓中買地券等，都和當時的道教信仰有關。漢代長安城南郊發掘到的禮制建築遺址十多處，也是和當時的宗教信仰有關。這些都是很重要的發現。佛教傳入中國後，佛寺的建築遺址、造像和壁畫等實物史料，都是研究佛教史的重要資料。

　　文字的發明和使用，是人類由野蠻時期轉入文明時期的標誌。1949 年以後，我們在鄭州二里崗發現了比安陽殷墟稍早的卜骨上的文字，但仍屬於殷代甲骨文字的系統。殷周有銘文的銅器也發現很多，有些替我們增添了很重要的文字史料。長沙和信陽兩處所掘出的四批竹簡，是我國現存的最早的簡冊。同時出土的，還有毛筆和整治竹簡的刀削等。一九五九年，武威漢墓中出土了竹木簡四百八十根，主要的是七篇《儀禮》。它是第一次發現的西漢成冊成部的經書寫本，對於漢代書冊制度和漢代經學的研究，都提供了最重要的資料。此外，屬於少數民族方面的，有四川出土的戰國至漢初銅器上現仍未能通讀的巴蜀文字，有新疆出土的古代佉盧文的木簡和古維吾爾文的木簡和寫本。

　　我國是一個多民族[100]的國家，這許多民族都有它們的族源問題和它們的發展的歷史面貌問題，考古研究可以在解決這些問題

100　"民族"一詞有廣狹二義。狹義是指在資本主義發生時才形成的共同體。廣義的包括部落、部族和上述狹義的"民族"。本文中的"民族"是採用廣義的意義。

方面起巨大的作用。就漢族的形成問題而言，根據考古資料，現今漢族居住的地區，在新石器時代存在着不同的文化類型。連黃河流域的中游與下游，也有很大的差異。古史傳說中也有這種反映。到了有文字記載的時候，中原的華夏族與黃河下游的東夷族相融合，但是和長江流域的巴、蜀、楚、吳、越等族的文化還是不同。這種不同也表現在考古發掘所得的物質文化遺存中。經過了周代的八百餘年，這些長江流域漢語系統的諸民族逐漸消失它們的特徵，構成漢族的一部分，不復能分辨開來。到了漢代，漢族的形成過程更推進了一步，漢族的構成部分更包括長江以南地區的閩、粵等族人民。就出土的考古材料來看，可以了解漢族是有過這樣的一個形成過程的，但具體情況，還需要作進一步的研究。

現今全國的少數民族還很多，他們雖和漢族不同，但各兄弟民族的祖先在悠久的歷史過程中，與漢族的祖先建立起日益緊密的聯繫，今日大家一起構成了中華民族共同體。各兄弟民族的形成和發展過程的文字史料，大多數是殘缺不全的，這便需要考古資料來補充。據古人類學家的研究，舊石器時代人種尚在分化形成中，還談不上民族區分。至於新石器時代，我們在兄弟民族地區，1949 年後曾發現過各種不同類型的文化遺址，為研究他們古代原始社會面貌，提供了寶貴的線索。漢族有了文字記載後，各朝代都有關於兄弟民族的敍述，可以與考古材料互相印證。

1949 年後在吉林、長春地區發現的古青銅器文化，可能是周代肅慎族的遺存。遼寧西豐縣西岔溝、內蒙古東北部札賚諾爾和北部集寧市二藍虎溝等處，1949 年後都發現了西漢時代墓羣，出土的有透雕的野獸花紋銅牌飾等，當為匈奴族的遺物。也有人認為，西岔溝的文物和內蒙古的一般匈奴文物有些不同，地區也偏東，應該屬於東胡的烏桓族。內蒙古東部和遼寧西部南部發現了一些出土青銅短劍的墓葬，時代較早，屬於東周。對它們的族屬，有匈奴和東胡兩種不同的看法。吉林集安、遼寧桓仁等處的高句麗墓，吉林敦化的唐代渤海國貞惠公主墓，和東北及內蒙古的契丹族遼墓，因為有墓誌為證，可以確定無疑。內蒙古土默特旗美岱村的兩座北魏墓，當屬於鮮卑族。元代蒙古族的遺址，有上都遺址，1949 年後曾加以調查，內蒙古寧城的遼代中京大名城，也曾發現元代文物。對於新疆各處古城、古居住址和寺廟，曾做過幾次的調查工作。在和田、庫車、焉耆、吐魯番等處，還做了一些發掘工作，所發掘出來的遺物屬於漢、唐時代。在北疆昭蘇一帶所發掘的土堆墓，可能是屬於中世紀的突厥族。對青海的古跡也做了一些調查和發掘，早期的當屬周、漢的羌族（羌族似為後來藏族的一部分）。西藏地區於一九五九年也做過文物調查工作。西南地區，晉寧石寨山出土的文物，就服裝及髮髻的樣式看來，除了佔統治地位的 "滇族" 以外，還有他們統屬下的好幾個不同民族，有的或者便是《史記》中所提到的 "嶲" "昆明""麽莫"等族。在雲南還發掘過南詔國的遺址和大理國的古墓。在廣西的寧明縣花山等處發現的古代崖畫，是屬於古代僮（壯）族的創作，年代可能早到唐代或宋代。這些發現中最重要的是晉寧石寨山遺址，出土豐富多彩，描繪出從前幾乎完全不知道的古代滇族社會的圖景。

我們知道，各兄弟民族在祖國的歷史上都有他們的貢獻。我們應該重視兄弟民族地區的考古工作。對於以上列舉的一些實物史料，還需要做進一步的研究。古代有許多住在邊遠區的少數民族的名稱，到後來消失不見了。這些古代的少數民族和現今該地的兄弟民族有甚麼關係，這個問題的解決，對於了解現在兄弟民族的形成過程，將有很大的幫助。

1949 年以來，由於考古學研究的發展，一方面使我們有可能利用考古資料來解決從前單憑文字史料所不能解決的問題；另一方面也提出一些過去不可能提出的問題，在"百花齊放、百家爭鳴"的政策指導下，有些問題經過討論得到了解決，有些問題仍在繼續爭論中。我們要不斷地改進考古研究方法，要認真學習馬克思列寧主義和毛澤東著作，打好理論基礎。除了運用考古學本身的各種研究方法（如地層學方法、類型學方法等）和運用文字資料和民族學資料之外，我們還要運用自然科學的方法以解決考古學上的問題。現在已在中國科學院考古研究所中建立一個實驗室，由體質人類學家研究古代人類骨骼，化學家來分析古物的成份和製造過程，原子物理學家來充分運用同位素碳 -14 去推斷古物年代。有些工作已取得一些成果，有些工作正在開始着手。這說明利用最新的考古研究方法，會給考古學研究帶來更重要的新成果。

在過去的十幾年中，我國的考古工作在黨和政府的領導下，進行得非常起勁和順利，並已有了重大的收穫，解決了一些問題。但是，還有許多重要問題尚待解決。今後需要繼續努力，累積資料，深入研究，以便在這方面取得更大的成就。

附文二：《新中國的考古發現和研究》[101] 前言

　　本書是對於最近三十年來的中國考古學的發現和研究的一個綜合性的敍述。我們考古所在建國十周年時，曾編寫過一部《新中國的考古收穫》（1961 年出版）。現在又經過了二十年。其間，新的發現層出不窮。考古資料的數量，猶如滾雪球一樣，越來越大。研究工作也取得了不少的新成果，而新的發現也使得許多舊的看法過時了。這就需要改寫舊的章節和增添新的章節。所以，我們決定重新編寫。這是一本新書，並不是舊書的增訂版。編寫這書仍是一項集體性質的工作，但是參加編寫的諸同志有一個共同的願望，就是要把這三十年來豐富的成果，比較客觀地、有選擇地加以概括，寫出一本全國性的、綜合性的著作。

　　這三十年來我國考古學的新成就，曾使得國內外許多考古學家認為，二十世紀後半葉將被作為中國考古學的黃金時代而寫入史冊。在我們有古老文明的祖國大地上，在社會主義經濟建設中，古代遺物和遺跡不斷地被發現。考古工作者們，除配合建設

---

101 《新中國的考古發現和研究》一書，係夏鼐主編、中國社會科學院考古研究所集體撰寫，文物出版社 1984 年 5 月出版。又見《夏鼐文集》第一冊，社會科學文獻出版社，2017 年。

工程做了大量的搶救工作之外，還主動地為了解決學術問題而從事考古調查和發掘，因之，我們累積了大批的、豐富多彩的考古資料。這些資料給考古學家們提供了前所未有的機會來匯集、整理和研究中國古代文物。我們可以說，1949 年以後，中國考古學的發展，已進入了一個新的階段。

這個新階段的標誌，首先是以馬克思列寧主義、毛澤東思想作為指導我們工作的理論基礎。中國既然是一個以馬克思主義為指導思想的社會主義國家，作為社會科學的一部分的中國考古學當然要貫穿一條馬克思主義的紅線。但是，我們信奉馬克思主義的理論，並不只是由於這些理論出於馬克思，而是由於它符合於客觀的真理，符合於考古實踐中所證實的客觀真理。我們在考古工作中尊重客觀事實，決不以所謂 "理論" 來歪曲解釋事實。"古為今用" 這一方針的正確涵義，在考古學方面應該是根據以科學方法所取得的結論，來充實歷史唯物主義的武庫，以宣傳馬克思主義，同時用以宣傳愛國主義，以便增進我們建設社會主義的自信心和民族自尊心。這決不是因當前的政策而歪曲客觀事實。同時，我們也相信：這三十年來我們在馬克思主義理論的指導下，已取得了許多成果，並且今後將要繼續取得新的成就。

新階段另一個標誌是：具體研究方法的改變和進步。當代世界科學的一個重要發展是一方面專業化，而另一方面整體化。考古學根據它的特有的研究對象（古代的物質遺存）來發展它特有的理論和具體研究方法。考古學上特有的理論問題包括古代物質文化發展的規律，物質文化和社會經濟形態、社會組織、意識形態等的互相關係，物質文化和自然環境的互相作用，等等。這些問題都是從前專門研究古器物或古文字的考古學家所不注意的。至於具體研究方法，在本世紀二十年代後期有少數幾位中國考古學家開始從書齋中跑出來，拿起鋤頭從事田野考古工作。從這時候起，田野考古才成為中國考古學發展的主流。1949年以後，我們訓練了大批田野考古工作者，採用嚴密的田野工作方法，尤其是地層學的分析和大面積的揭露，使我們取得重要的收穫。1979年成立的考古學會，現有會員七百餘人，其中絕大多數都參加過田野考古工作，有的有很豐富的田野工作經驗。只有發展科學的田野工作，這才能使我們的考古學建立在鞏固的基礎上。

所謂科學的整體化，是指每一學科同別的學科在理論上互相滲透，在方法上也互相滲透。社會科學中有許多學科和考古學有很密切的關係。它們的理論和方法，對於考古學有很大的影響。狹義的歷史學（利用文字記載以研究歷史）、文化人類學、社會學和民族學等，從各方面來研究人類社會，有的已把研究工作的成果概括成理論。這些理論有的便可以應用到考古學中來。研究方法也是如此。至於自然科學方面，地質學對於考古學的影響最大，例如，考古學中地層學原理便是從地質學中移植過來的。其他自然科學的方法，也有許多被考古學所採用。實際上，社會科學的各學科中，考古學是最能利用自然科學方法的。恰巧最近這三十年也是全世界範圍內考古學利用自然科學解決考古問題的工作做得最多和收穫最大的時期。甚至於有人認為，1950 年以後的二十多年在考古學史上將會被稱為"技術革新"時期。技術革新中，尤以鑒定年代的技術工作進展最大。碳 -14 斷定年代法的發現和應用，被認為是史前考古學的發展史上一場劃時代的革命。中國考古學界於五十年代末便引進這項技術，七十年代初開始發表數據，後來陸續建立了好幾個實驗室。從前我們只能由地層學和類型學的分析得出史前時期各文化的相對年代，現在可以由碳 -14 測定它們的絕對年代。這使中國的史前考古學的編年獲得了一個新的框架。其他的自然科學方法也被廣泛地應用來鑒定年代，鑒定古物的質料、產地和製造工藝等。對於人類骨骼和古代自然環境也加以研究。我們還利用衛星和飛機上所拍攝的空中攝影來找尋和記錄古代遺跡，又利用"蛙人"到海底去搜索沉船和船中遺物。這真是"上窮碧落下黃泉"。有些成果已收入本書中。

　　新階段的又一標誌是：考古工作中擴大了所涉及的地域和伸延了研究對象的時間範圍。這三十年間，我們的調查和發掘，已遍及全國各省、直轄市和自治區。1949 年以前，我們中國考古學家所做的考古發掘工作幾乎是限於黃河流域和長江下游。現在是西南到西藏高原，東北到黑龍江沿岸，南到西沙羣島，西北到內蒙、新疆的草原和沙漠，到處都有我們考古工作者的足跡，可以說是遍地開花了。對於重要的老遺址，如周口店和殷墟，我們仍繼續工作。更重要的是我們在各處新發現了數以千計的古墓和古居住址，其中一部分已加以發掘。並且我們還有意地重視邊疆地區的考古工作，重視少數民族的族源和歷史，要用考古資料以補充文獻的不足。

研究對象的年代範圍方面，1949 年以前，我們只能上溯到北京猿人，現在又有了更早的藍田猿人和元謀猿人，以及他們使用的石器。新石器時代比仰韶文化為早的早期遺存也已被發現了。這不僅補上了一個空白，並且對於探索中國農業畜牧業的起源問題，也提供了寶貴的線索。1949 年以前，中國考古學主要工作是史前考古學。至於歷史時代考古學，除了安陽殷墟以外，發掘工作做得很少，幾乎是沒有。這三十年間，我們除了繼續開展史前時期考古研究以外，還做了大量的歷史時期遺存的調查和發掘。殷墟的繼續發掘中，發現了幾座保存完整的王室墓，包括現已聞名中外的婦好墓。我們在居住遺址中發現了四千餘片甲骨和其他許多新資料。在河南以外的毗鄰各省也發現了好幾處的商代遺址。至於商代以後，從兩周到元、明，我們更是投入相當大的力量來發掘了大量的古代城市和墓葬。前者如周原、戰國六國都城、秦咸陽、漢唐兩京，一直到元大都，後者有現已聞名中外的秦俑坑，馬王堆漢墓和滿城漢墓，唐代皇族的壁畫墓，明定陵等。這種重視歷史時代考古學的結果，使我們取得非常可觀的成就。現今國內外研究中國古代美術史和科技史的學者們都承認：這些考古新發現使得他們不得不重寫他們的專門史。

我們的工作是以考古資料來闡明中國古代文明。由於古代中國在世界文明史中所佔的重要地位，中國考古學的工作是有世界性的意義的。這三十年來中國考古學的飛躍的進展，使研究世界古代文明史的學者們對於全球性的理論問題提出新看法或修改舊看法的時候，都要把中國考古學的新成果考慮進去。當然我們的工作還做得很不夠，跟不上中國考古學發展的形勢，許多方面還有待於進一步的研究。不過，我們相信：在中國"四個現代化"[102]的總形勢下，中國考古學的前途將更為光明燦爛，確是"前程如錦"。一位英國的考古學史專家說："在未來的幾個十年內，對於中國重要性的新認識將是考古學中一個關鍵性的發展。"（G. 丹尼爾：《考古學簡史》，1981 年英文版，第 211 頁）

上面所說的，是這三十年中國考古學的發展中幾個重要的方面，我們可以看出它的主要趨勢。至於具體的新發現和研究成果，讀者可以閱讀本書正文，我在這裏不再重複了。不過，有一點我要聲明一下：本書中有些問題在現階段還是有爭議的，還不能取得定論。本着"百家爭鳴"方針的精神，在這些地方，

102〔編者注〕四個現代化即工業現代化、農業現代化、國防現代化、科學技術現代化。

我們常是列舉各家的不同看法，有時也提出寫作者自己的看法。但那也只是寫作者的看法而已，並不表示已是取得一致的結論。此外，我國台灣省的同行們在這三十年來也做了許多考古研究工作，主要是安陽殷墟發掘資料的整理和台灣省史前遺址的考古發掘，取得了一定的成果，但這方面的收穫本書暫時不收進去。本書中一定會有些錯誤或欠妥的地方，懇切希望讀者予以批評和指正。

1982 年 2 月 15 日

第二章

漢唐絲綢和絲綢之路

提要

中國最早的絲織品，開始出現於東南的良渚文化中。經商代到戰國，則已相當發達。漢代的絲織品，在新疆出土很多。1972年，從湖南長沙馬王堆漢墓中出土了綺、錦、刺繡等。漢代絲織品不僅流行於國內，還輸出於西方，一直銷售到羅馬帝國。

由於栽培桑樹及養蠶方法的進步，在漢代，中國的蠶絲便已相當纖細；並由於掌握了繅絲的方法，所以能獲得優質的長纖維的蠶絲。最遲到東漢時（公元 1–2 世紀）已有了用腳踏板的織機；而這在歐洲到了公元 6 世紀才開始採用，到了 13 世紀才廣泛流行。另外，能織出複雜紋樣的提花織機，也是中國最先發明而傳入歐洲的。

漢代的錦，已經達到相當高的水平，緯線只有單一顏色而經線每組則有兩種或三種顏色。湖北江陵和湖南長沙都曾發現戰國時代的錦，還發現了需要相當花費功夫的刺繡和顯花羅紗。染絲的染料有靛青、茜紅、栀黃等植物染料以及朱砂（硫化汞）等礦物染料。

漢代的絲綢，沿着漢武帝時（公元前 2 世紀末）所開闢的“絲綢之路”運到了西方。“絲綢之路”這一名詞，是 1877 年德國地理學家李希霍芬（F. von Richthofen）提出來的。他強調了這條路的開闢，主要是為了將中國的絲綢運到羅馬去。中國的絲綢，在埃及和敍利亞也發現過，意大利的南方曾出土過羅馬時代的絲綢。

當時，中國也曾從西方輸入一些物品，在中國國內的絲綢之路上，曾發現了薩珊朝波斯銀幣和拜占庭的金幣。此外，佛教和佛教藝術也是沿着這條道路傳到中國來的。

中國的絲綢，從魏晉南北朝直到唐代，受了西方的影響，採用了緯線顯花法和蠟染法等等。在花紋方面採用了孤立的花紋散佈全幅的章法。薩珊朝波斯式的連珠紋也很流行。唐代有許多絲綢傳到了日本，成為正倉院中有名的藏品。

中國絲織物的出現

　　中國是全世界最早飼養家蠶和繅絲製絹的國家，長期以來曾經是從事這種手工業的唯一的國家。有人認為絲綢或許是中國對於世界物質文化最大的一項貢獻。

　　根據最近二十多年考古發掘的結果[1]，一般認為中國絲織物開始出現於中國東南地區的良渚文化（約公元前 3300 年—前 2300 年）。到商代（約公元前 1500 年—前 1100 年），中國絲織物便已達到相當高的水平。當時除了平織的絹以外，已有了經線顯花的單色綺和多彩的刺繡。到了戰國時代（公元前 475 年—前 221 年），又添了織錦，色澤鮮豔多彩。最近（1982 年）我們在湖北江陵的一座戰國墓[2]（約公元前 4 世紀）中發現了美麗的織錦和刺繡。後來漢文中"錦繡"二字成為"美麗"的同義語。今天我們常說中國是"錦繡河山"，便是"非常美麗的國土"的意思。

1　夏鼐：《我國古代蠶、桑、絲、綢的歷史》，《考古》1972 年 2 期；《考古學和科技史》，科學出版社，1979 年。又見《夏鼐文集》第 3 冊。

2　荊州地區博物館：《湖北江陵馬山磚廠一號墓出土大批戰國時期絲織品》，《文物》1982 年 10 期。
　　〔本書增注〕湖北省荊州地區博物館：《江陵馬山一號楚墓》，文物出版社，1985 年。

　　漢代的絲織物，繼承了戰國時代的傳統，新疆發現最多[3]。1972 年長沙馬王堆兩座漢墓中出土的絲織物[4]，除了絹、綺、錦、繡之外，又有了高級的絨圈錦、印花敷彩紗和提花的羅紗（羅綺）。當時織造技術有了發展，所以能生產高級的絲綢銷售到國內、國外的市場中去，為當時歐亞大陸上許多文明民族所喜愛樂用。因之，沿着當時新開闢的"絲綢之路"，漢代絲綢大量地向西方輸出，一直銷售到羅馬帝國首都的羅馬城中去[5]。當然，絲綢也為國內的貴族、達官和富人所喜歡穿用，死後也被帶到墳墓中去。近年來，我們曾在"絲綢之路"的沿途各中間站及其附近發現漢、唐絲綢。我曾繪製一地圖，標出發現漢、唐絲綢的地點（圖 2-1）。

3　夏鼐：《新疆新發現的古代絲織品 —— 綺、錦和刺繡》，《考古學報》1963 年 1 期；《考古學和科技史》，科學出版社，1979 年。又見《夏鼐文集》第 3 冊。

4　湖南省博物館、中國科學院考古研究所：《長沙馬王堆一號漢墓》二冊，文物出版社，1973 年。上海市紡織科學研究院、上海市絲綢工業公司文物研究組：《長沙馬王堆一號漢墓出土紡織品的研究》，文物出版社，1980 年。

5　護雅夫編：《漢とローマ》（東西文明の交流 I），平凡社，1970 年。

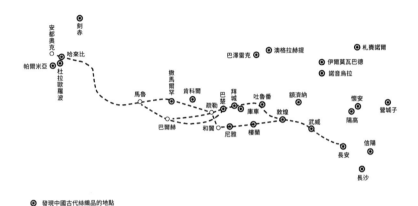

◎ 發現中國古代絲織品的地點

圖 2-1　絲綢之路示意圖

延伸閱讀

● 最近二十多年考古發掘的結果

　　中國最早的絲織品，是 1958 年在浙江省吳興縣錢山漾遺址中發現的良渚文化期的絲織品、絹片絲帶等。經過鑒定，這是以家蠶絲為原料的。在殷墟，曾出土過回文紋飾的絲織品和雷紋紋飾的綺等，包纏在青銅器上，這是殷代的；至於西周，曾在陝西省寶雞市茹家莊西周墓中，出土過用辮子股繡的針法，繡出簡單的幾何紋花樣。戰國時代

131

的例子就更多了。在湖南的長沙、湖北的江陵,因為用白膏泥封閉墓,有機物容易保存下來,因而絲綢和絲織品的出土更是屢見不鮮。

插圖 12　戰國雙鳥條紋織物殘片

漢代絲綢業發達的原因

　　漢代絲綢業發達的原因，主要是養蠶技術的改進和繰絲、織造、印染等技術的提高，而養蠶技術的改造首先要改良栽桑技術。

　　關於栽桑一事，戰國時代的銅器上刻的採桑圖便表示當時已有兩種桑樹：即高株的普通桑和矮株的 "地桑"（或 "魯桑"）（圖 2-2）。後者是人工改良的結果。栽桑者將普通桑樹主幹的上部砍去一段，又使其他樹枝都只能達一定的高度。這樣一來，這種 "地桑" 低矮，易於採摘，並且枝葉茂盛，增加桑葉的生產量，而枝嫩葉闊，宜於飼蠶。東漢畫像石中也有採桑圖，便是這種

圖 2-2　戰國銅器上的採桑圖

"地桑"（圖 2-3）。漢代農書《氾勝之書》（公元前 1 世紀）中說："桑生，正與黍高平，因以利鐮摩地刈之。"這便是培植"地桑"的一種方法。有了良好桑樹，才能養出良種的家蠶。

圖 2-3　漢畫像石上的採桑圖

至於養蠶的方法，東漢崔寔的《四民月令》中說："治蠶室，塗隙穴，具槌（支架蠶箔的立柱）、栻（蠶架橫木）、箔（養蠶的竹篩）、籠（竹編的罩形器，讓蠶在上面結繭）。"這裏塗塞隙縫，是為了防止鼠患，又易於掌握蠶室的溫度。竹木製的工具是為了養蠶而特製的。因為講究飼養的方法，所以產生了優良的蠶絲。根據實測，漢代蠶絲的直徑是 20-30 "穆"（1 "穆" 為 0.001 毫米），近代中國廣州絲是 21.8 "穆"，日本、敍利亞、法國為 27.7-31.7 "穆"。最近長沙馬王堆出土的絲，其原纖維（單絲）的直徑為 6.15-9.25 "穆"，而近代的中國絲為 6-18 "穆"。縱使由於年久老化而萎縮，但是毫無疑問，漢絲是相當纖細的。這是中國人對於養蠶技術長期而細心地考究飼養法的結果。

有了蠶繭，下一步是繅絲。西漢董仲舒（公元前 2 世紀末）的《春秋繁露》中說："繭待繅以涫湯。"（卷十《實性篇》）繅絲是獲得長纖維的蠶絲的一個秘訣。蠶絲的纖維，一根可達 800−1000 米的長度。在紡織業中，蠶絲纖維的長短可作為它的商品價值的標準。纖維越長，則成紗線的速度越快，而費用越低。蠶繭在沸湯中煮過後，蛹便被殺死。否則蠶蛹變成蠶蛾後咬孔鑽出，便損壞了蠶繭的長纖維，無法繅絲。這種廢繭的亂絲，只能作為絲綿以為衣服襯裏之用。此外，沸湯溶解一部分絲膠，使繅絲工作得以順利進行。沸湯繅絲法是一個竅門。如果外國人偷運蠶種出境而沒有同時學得煮繭繅絲法，仍不能獲得長纖維的優良蠶絲。中國傳統的繅絲法，先將若干蠶繭投入沸湯中，然後揀起幾個繭的絲頭，併在一起，通過繅絲工具上的洞孔和鈎，各絲纖維便黏合成一根絲線。然後將絲線捲到繅絲軸上去。這種方法操作起來並不困難，可能在漢代便已有類似的繅絲法，包括一些簡單的設置。長沙馬王堆漢墓出土的織錦的經線和緯線，是由 10 根至 17 根蠶絲纖維組成的。每根線的粗細是 16.9−30.8 旦尼爾（每旦尼爾為 9000 米長的線合若干克）。出土的羅紗的絲線較細，每根是 10.2−11.3 旦尼爾。漢代的絲線似乎並未紡過，只是在幾根蠶絲併合成線時稍有扭轉而已。為了增加絲的抗張強度和彈性，繅過的絲線，當進行"調絲"的工序時，還使幾根絲線併合為一根紗，作為經、緯線之用。在這過程中絲線雖或稍受扭轉，但因為絲是長纖維，所以不必像短纖維的棉、麻、羊毛之類那樣需要紡捻。上述的馬王堆墓出土織錦的經緯線，每根紗由 4 至 5 根絲線組成，而每根線又由 10 至 14 根絲纖維組成，所以每根紗有時多達 54 根絲纖維。另一出土物木瑟上的絲弦，是由 16 根多根絲纖維拼合的絲線所組成，捻度（扭轉的數目）是每一厘米只有 1.35 轉。銅山洪樓出土的紡織圖，一邊是織機，另一邊那個在"調絲車"旁邊的婦女，似乎正在從事調絲的工作。

圖 2-4 公元 1–3 世紀動物紋銘文錦殘片

延伸閱讀

● 《氾勝之書》

　　氾勝之，山東省曹縣人，漢成帝時為議郎，是參與關中地區農業指導的人物。其生平著述現在幾乎全部失傳。《氾勝之書》見《漢書・藝文志》農家部，《氾勝之十八篇》。《隋書・經籍志》載：《氾勝之書二卷》。其後散佚失傳。現今所傳之本，係輯自諸書引文者，並加以復原，凡 3700 字。本書所引用的有關桑樹材料，係據北魏賈思勰《齊民要術》引《氾勝之書》種桑法的解說部分。

● 崔寔《四民月令》

　　崔寔是東漢晚期河北省安平縣人。歷任議郎、五原太守、遼東太守、尚書等職。《後漢書》有傳。其平生所著政治論文集，號曰《政論》。《四民月令》一書，乃用曆的體例，按月分載華北地方年中行事。書中記載了不少有關農業的事情。原書已佚，在隋杜台卿的《玉燭寶典》和北魏賈思勰的《齊民要術》中有引文。後人根據此兩書的引文，復原大半。這裏所引用的是舊曆三月清明節部分的記事，主要是記載蠶妾的工作內容。

● 董仲舒（約公元前 179 年—前 104 年）

　　董仲舒是西漢儒者，廣川人。漢武帝時，董仲舒以賢良對策，先後拜為武帝兄江都王及膠西王的相，後稱病不仕。但朝廷如有大議，則使使者就其家問之。生平著述今傳於世者有《公羊董仲舒治獄》一六篇、《董仲舒》一二三篇、《春秋繁露》等。董仲舒以《春秋》災異之變，推衍陰陽五行之學，確立了儒學在國家的崇高地位。

平織的織機和提花機的出現

　　我曾利用這洪樓畫像石（圖 2-5）和其他幾塊漢畫像石的織機圖，復原了一幅漢織機結構圖（圖 2-6）。這是為平織物用的較簡單的織機。這種織機有捲經線的軸和捲布帛的軸。還有為開梭口運動的"分經木"和"綜片"，分開經線以便投梭。織機下有腳踏板二片，用以提綜片開梭口。有了腳踏板，提綜的工作不用手而用腳，可以騰出手來以打筘或投梭。東漢（公元 1–2 世紀）畫像石上的織機都已有腳踏板，可見至遲到東漢時中國的織機上已用腳踏板。這是全世界織機上出現腳踏板最早的例子。歐洲要到公元 6 世紀才開始採用，到 13 世紀才廣泛流行。所以許多人相

圖 2-5　江蘇省銅山縣洪樓漢畫像石上的紡織圖

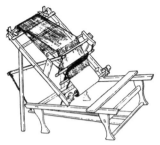

圖 2-6　漢代織機復原圖

信織機上的腳踏板是中國人的發明，大概是和中國另一發明提花機一起輸入西方。

這種簡單的織機，一般只能織平紋織物。至於羅綺、平紋綺、織錦、絨圈錦等具有繁複花紋的絲織物，一般便需要提花機。我從前曾根據我對於新疆出土絲織物的觀察，推斷有些絲織物需要提花綜四五十片之多，因之推測當時織機已有提花設備，可能是"提花線束"而不是有長方架子的"綜框"。最近我研究了馬王堆漢墓的絲織物之後，我同意 H.B. 柏恩漢（Burhan）的意見，漢代提花織物可能是在普通織機上使用挑花棒織成花紋的。真正的提花機的出現可能稍晚[6]。歐洲方面最早使用提花機的時間，各家的意見不一致。有人以為始於 6 世紀，有人以為 7 世紀或更晚。但是也有人以為早在 3 世紀時，波斯、拜占庭、敍利

---

6 〔本書增注〕夏鼐赴日本講學前研究的，是江陵馬山出土的戰國絲織物。他曾於 1982 年 4 月專程前往考察數日。2013 年，成都市文物考古隊與荊州文物保護中心合作，在成都天回鎮的老官山，發掘四座西漢前期土坑木槨墓。其中年代屬西漢景帝至武帝時期的 2 號墓，出土 4 架竹木製作的提花織機模型（1 架長 85 厘米、寬 26 厘米、高 50 厘米，3 架長 63 厘米、寬 19 厘米、高 37 厘米左右），若干其他紡織工具模型，以及 15 具紡織工匠木俑（《考古》2014 年 7 期）。經杭州中國絲綢博物館的專家復原研究，判定所出都是一勾多綜提花機，一架屬滑框型，三架屬連桿型；複製出的原大提花機，分別陳列在中國絲綢博物館和成都博物館，並且成功地製織"五星出東方利中國"等錦。（《文物保護與考古科學》第 29 卷 5 期，2017 年）這充分證實，中國提花機出現的年代應確切無疑地大大提前，業已發現世界上年代最早的提花織機，不應低估中國當時提花工藝的水平。從而説明，夏鼐原先根據對新疆出土絲織物的觀察，"推斷有些絲織物需要提花綜四五十片之多，因之推斷當時織機已有提花設備"，是完全正確的。

亞和埃及各國便已使用一種簡單的提花機,而真正的提花機要
到 12 世紀才出現。他們對於提花機何時在歐洲開始使用,說法
雖然不一致,但是都認為要較中國為晚,並且認為可能受了中國
影響。

圖 2-7　江蘇泗洪曹莊漢畫像石上的腳踏板織布機

漢代絲織物的種類

其次，我們討論漢代絲織物的種類和織法。漢代文獻上絲織物的名目很多；但是因為各類絲織物的名稱，各時代往往不同，常有同名異實或同實異名的情況，有些已不能確知為何物。同時，古人對織物分類的標準和現代不同，加以古代脫離生產的文人濫用名詞，這就造成更大的混淆。我這裏把重點放在考古發現實物的研究上，而只是偶爾兼及有關的文獻。

就織法而言，漢代最普通的絲織物是平織的絹。絹的經、緯線的數目一般大致相同，密度每平方厘米為 50-59 根。但是滿城漢墓 [7] 的細絹，有的達到每平方厘米 200×90 根（圖 2-8）。這個墓又曾出土平織的縑，經線單線而緯線雙線。

其次為紗，有平織的方孔紗和羅組織的羅紗。前者常在墓中死者（男子）頭部發現，有的帶有塗漆的痕跡，當是冠幘的殘片。這種方孔紗的經緯線稀疏，有的密度是每平方厘米 3×20

7　中國科學院考古研究所滿城發掘隊：《滿城漢墓發掘紀要》，《考古》1972 年 1 期。
　　〔作者補注〕中國社會科學院考古研究所、河北省文物管理處：《滿城漢墓發掘報告》二冊，文物出版社，1980 年。

圖 2-8　馬王堆一號漢墓出土素紗單衣

根。至於羅紗，它的羅紗組織使用糾經法。織成後它的經、緯線都不易滑動，所以較平織的紗為優。漢代羅紗常常織有花紋，是提花的羅紗組織，織工利用羅紗組織中糾經的變化，用一種糾經法織出孔眼較大的底地，用另一種糾經法織成孔眼較細密的花紋（圖 2-9）。後者需要提花設備。這種提花的羅紗在馬王堆漢墓中便有發現，在報告中稱為羅綺（圖 2-10、2-11）。它是單色暗花，但是花紋清晰而優美。

　　漢代絲織物中最重要的是單色暗花綢（也稱為綺，或平織綺）和多彩的織錦。平織綺是一種斜紋起花的平紋組織。有花紋的部分，經、緯線的交織由"一上一下"改為"三上一下"。因經線的浮長線關係，花紋便由平織的地紋上浮突出來（圖 2-12）。

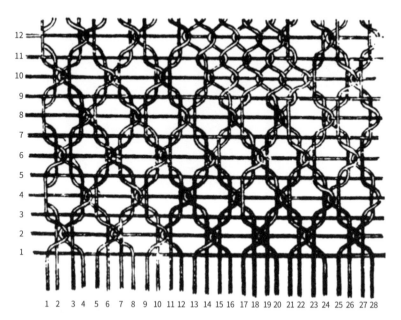

圖 2-9　羅綺組織結構示意圖

圖 2-10　朱紅菱紋羅綺

圖 2-11　煙色菱紋羅綺

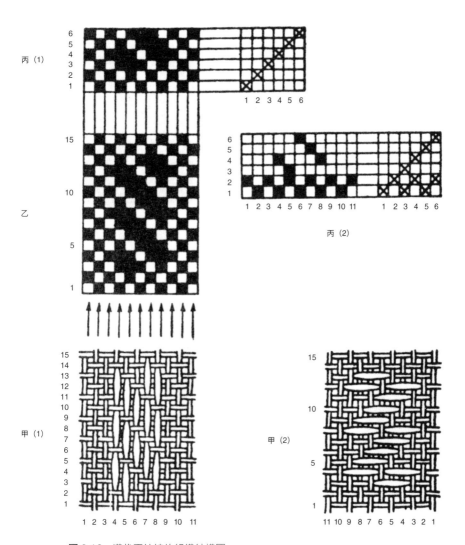

圖 2-12 漢代平紋綺的組織結構圖

商朝便有這種織物。漢代仍繼續採用這種織法，馬王堆漢墓中便有出土。另一種有人稱為"漢綺組織"，是漢（東漢）時才出現的。這種組織不但底地是平織，並且顯花部分中，每一根有浮同長線的經線相鄰的另一根經線，也是平織的。這樣增加一組平紋組織的經線，可以增加織物的堅牢程度，但又不影響花紋的外觀。這種"漢綺組織"[8] 在尼雅（民豐）、羅布淖爾[9] 和諾因烏拉[10] 都有發現過，甚至於敍利亞的巴爾米拉遺址[11] 也有發現。

8 夏鼐：《新疆新發現的古代絲織品 —— 綺、錦和刺繡》，《考古學報》1963 年 1 期；《考古學和科技史》，科學出版社，1979 年。又見《夏鼐文集》第 3 冊。

9 〔作者補注〕民豐在新疆南部，1945 年由和闐縣（今和田縣）析置。尼雅遺址在縣北沙漠中，出土漢代絲織物，見《文物》1962 年 7–8 期。羅布淖爾為湖泊名，在新疆塔里木河盆地東部，漢晉遺址在湖泊的北岸。這裏所出漢代織物見西爾凡（Sylwan）：*Investigation Of Silk From Edsen-Gol And Lop-Nor*，1949 年。

10 梅原末治：《蒙古ノイン・ウラ発見の遺物》《東洋文庫論叢》第 27 冊，1960 年。

11 〔作者補注〕參閱 R. 普非斯特（Pfister）：《巴爾米拉出土的織物》（法文）三冊，1934 年，1940 年，巴黎。

延伸閱讀

● 滿城漢墓

　　滿城漢墓位於河北省滿城縣西郊，是西漢中期中山靖王劉勝（漢武帝庶兄，公元前 113 年歿）及其妻竇綰之墓。從二號墓中發現了"竇綰"銘的銅印；從一號墓中發現了刻有"中山內府"款的青銅容器、"中山祠祀"封泥，因而得以確定墓主人的姓名與身份。

　　此墓係在山中掘成隧洞，就隧洞擴展成為洞室。主室接續在墓道的後面，極為寬敞。主室的後面為棺室。在墓道的兩側，向外擴建，掘成耳洞，以埋藏隨葬器物。死者身着金縷玉衣，身邊散置玉器甚多。墓未遭盜掘，因而能保存下來許多隨葬器物。隨葬品除了車、馬之外，有銅、鐵、金銀、陶、玉石、漆器，等等。絲織品中，有平織的絹以及羅、彩錦、刺繡品等，主要都是在棺內發現的。

● 諾因烏拉（Noin-ula）

　　諾因烏拉指位於蒙古國北部、色楞格河支流哈拉河流域的諾因烏拉山中的古墓羣。1924 年，蘇聯柯茲洛夫探險隊在此地發現了三羣計 212 座古墳。當時，發掘了大約十分之一。

　　大墓為深達 10 米以上的土坑豎穴，有木棺槨。地面以上，積石為塚，每邊約達 20 米。出土遺物中除施以刺繡的絲織品諸如掛布、衣服等之外，還有中亞所製的毛織物、漢代漆器、青銅容器、北方系統的青銅器以至木器等。其中，在漆耳杯上有西漢建平五年（公元前 2 年）的題銘，在絲織品上也有織着漢字的圖案花紋。棺內的墊褥上的刺繡花紋，為斯基泰西伯利亞系統的動物鬥爭圖案。根據墓葬形制和隨葬遺物推測，墓主人當為匈奴的首領們。

- 巴爾米拉（palmyra）

位於敍利亞的大馬士革東北約 230 公里的沙漠綠洲上的古代都市遺址。地處美索布達米亞連接敍利亞的貿易路線上的中繼點，為塞琉古斯（Seleukos）[12] 王朝的商隊都市，公元前 64 年獨立。當 3 世紀後半葉女王齊諾比亞時代時，由於貿易致富，合併了周圍地帶，榮顯一時。公元 272 年，為羅馬帝國奧利埃納斯 [13] 大帝所滅，以後為羅馬屬州。20 世紀初，德國、法國等曾在此進行發掘，發現了神殿、門址、劇場、軍營、墓葬等遺跡。

---

12 〔編者注〕今譯為塞琉古（Seleucos）。

13 〔編者注〕今譯為奧勒良。

優質的織錦和絨圈錦

漢錦是漢代絲織物的最高水平的代表。它是五色繽紛的多彩織物。就織法而言，漢錦基本上是平紋重組織。它由兩組或兩組以上的經線（其中輪流有一組作為表經，其餘為裏經）和一組緯線更迭交織而成。緯線只有單一顏色的一組，但可依其作用分為交織緯（即"明緯"）和花紋緯（即"夾緯"）。二色或三色的經線，每色一根成為一副。織工利用夾緯將每副經線中表經和裏經分開。表經是需要顯色以表現花紋的經線，裏經是轉到背面的其他顏色的經線（圖 2-13）。這樣便使表經成為飛數三的浮線（在轉換不同顏色的表經時，也有飛線為二的）。因為每副經線所包括的不同顏色的裏經不能過多，如果一個花紋需要四色或四色以上，那便採用分區法，在同一區中一般是在四色以下。在中國，織錦最早發現於江陵和長沙的戰國楚墓中。漢錦發現的地點便很多了（圖 2-14、2-15、2-16、2-17、2-18、2-19）。

又有一種高級的織錦，有人稱之為絨圈錦（圖 2-20、2-21）。這是經線顯花起絨圈的重組織。織時它需要有一種織入絨圈經內起填充成圈作用的假織緯（即起圈緯）。它在織後便被抽掉。這種線圈錦不僅具有彩色花紋，還有高出錦面 0.7–0.8 毫米的絨

149

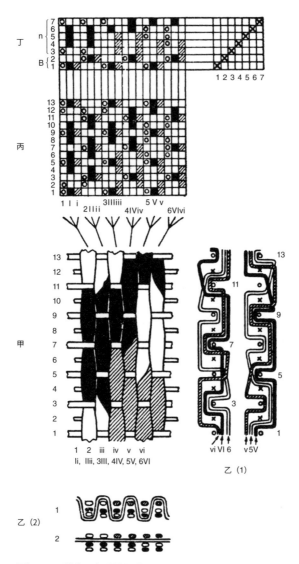

圖 2-13　漢代三色彩錦組織圖

圈。所以織物更顯得厚實，而且花紋美觀，具有一種立體感效果。這種絨圈錦的織機，由於起絨圈的經線用量較大，需要另配一經線軸。為了起絨圈又需要配備假織緯。這二者都是漢代的創新。

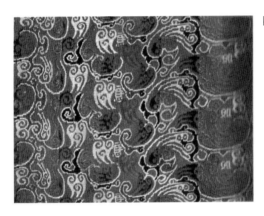

圖 2-14　尼雅出土東漢 "萬世如意" 錦

圖 2-15　尼雅出土東漢 "萬事如意" 錦袍

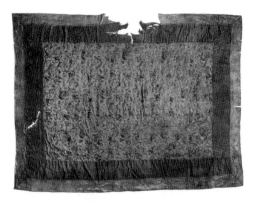

圖 2-16 以綺為繡地的"乘雲繡"絹枕巾

圖 2-17 諾因烏拉出土雙禽紋錦

圖 2-18 東漢延年益壽大宜子孫錦手套

圖 2-19 東漢延年益壽大宜子孫錦襪

圖 2-20 馬王堆出土絨圈錦

圖 2-21 絨圈錦及縱向剖面

刺繡和印花的絲織物

除上述各種不同織法的絲織物之外，漢代還在已織成的絲織物上刺繡或印染花紋。漢代的刺繡發現很多，有的保存完好，顏色鮮豔。它們是在平織絹、平織綺或提花羅綺上用各色絲線繡出花紋。在高明的繡師手中，繡針猶如畫師的彩筆，可以繡出像繪畫一樣細緻而流利的花紋，表達出繡師的技巧和個性，所以它的藝術性比織錦更高。又因為它不是由機械化的織機所製成，而是完全手工繡出來的，同樣花紋的一副刺繡要比織錦費功夫多得多，所以當時繡比錦還要值錢，因之更被珍視。（圖 2-22、2-23、2-24、2-25）

馬王堆漢墓中還發現幾件印花的紗絹。印花技術似乎採用陽紋板（或凸板），但是鏤空板印花也是可能的。其中一件金銀印花紗（圖 2-26），是用三塊凸板各印一種顏色，成為三色套板。另一件是印花敷彩紗（圖 2-27），這裏先用凸板印出藤蔓作為底紋，然後用六種不同顏色的彩筆添繪花紋的細部，如花、葉、蓓蕾和花蕊之類。這幾件是中國發現的最早的印花絹，時代在公元前 2 世紀之末。此外還有帛畫，用顏色繪在絹上，長沙戰國墓中

圖 2-22 "乘雲繡"黃綺

圖 2-23 茱萸紋繡絹

圖 2-24 "長壽繡"黃絹

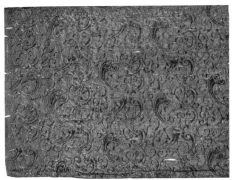

圖 2-25 "信期繡"煙色絹

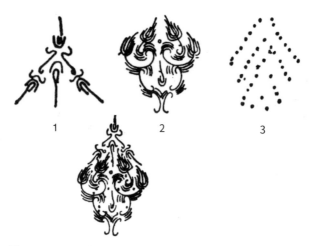

圖 2-26　馬王堆出土金銀印花紗印花順序

圖 2-27　印花敷彩紗

已有發現。漢代的帛畫，有馬王堆漢墓中發現的幾件，是藝術水平頗高的繪畫。

　　漢代染絲線和印染絲織物的染料，多用植物染料，例如靛青、茜紅、梔黃等；也有採用礦物染料的，如銀朱（硫化汞）、絹雲母粉末（白色）、硫化鉛（銀灰色）。由於礦物染料比較原始，質量較差，效果不及植物染料鮮豔，所以漢代使用的礦物染料已經不多，常只作為顏料在絹上敷彩或彩畫。至於顏色的種類除所謂 "五色" 的五種正色（紅、黃、藍、白、黑）以外，還有幾種間色（如紫、褐、綠等），並且它們又各有不同的色調，全部色調當在二十種以上。媒染劑一般用鋁鹽（礬石）。

華美的紋樣圖案

　　總之，就織造技術而論，漢代除了繼承商、周的傳統之外，又有了創新，因而取得了較高的成就。當時中國的織工，利用絲纖維的強度和長度的優點，發展了以經線為主線的織法，與西方使用短纖維紡織成的麻線或毛線而以緯線作為主線的傳統不同。至於織機，漢代的是橫臥式或斜放式，與西方的豎直式織機不同，所以漢代的織機比較容易利用腳踏板來提綜。研究工作者一般認為織機上的腳踏板是中國的發明。絲纖維易於染色，所以漢代發展了彩錦和刺繡，又發明了絨圈錦和印花絹。這些織物都有華美的花紋圖案。

　　至於漢代絲織物的花紋[14]，它們是以裝飾性為主的。《後漢書·輿服志》中說：“乘輿（皇帝）備文，日月星辰十二章，三公、諸侯用山、龍九章，九卿以下用華蟲七章，皆備五采。”這些富有象徵意義的花紋當是刺繡或繪彩的。但是，一般作衣服之用的綺、錦等絲織物，它們的花紋就考古發掘所得的實物來看，主要是裝飾性的，並不一定有宗教性或象徵性的意義。其中綺、錦之類使

14　原田淑人：《漢六朝の服飾》(《東洋文庫論叢》第二十三)，1937 年，1967 年增訂版。

用織機織造，其花紋的題材和風格和刺繡和印花絹不同。在織花的織物中，單色平織綺又和多色的平紋重組織的織錦不同。織錦花紋中有些具有象徵性的東西如芝草、神獸、仙山等，主要是為了裝飾美觀，而不是專為它們的象徵意義。花紋中有的夾以吉祥文字，但是這些文字也是美術字，具有很大的裝飾性（如圖 2-13、2-14、2-17、2-18 的"萬事如意""延年益壽""大宜子孫"等）。

織物的織造技術的特點，影響到花紋圖案。織錦由於提花機所用的提花綜不能過多，所以它們的花紋一定有重複，循環不已。若干提花綜為一整個系列，織時依順序逐一提綜，到整個系列完畢之後，繼續提綜便要依原來順序倒反過來逐一提綜，這樣便形成一個花紋循環單位。因之，單元的花紋都是左右對稱的花紋寬帶一條，由幅邊到幅邊直貫全幅。這樣的花紋循環單元一個一個地繼續織出來，一直織到一幅織物的幅頭。

漢代的平紋綺和羅紋綺，由於織法的關係，它們的花紋以菱紋、三角紋和回紋最常見。菱紋出現最早，商代的平紋綺便已有之。這些織法是斜紋經線顯花的。相鄰的兩枚經線和緯線的交織點，像階梯一樣斜出。花紋線條便成帶鋸齒的直線，不易織出圓滑的曲線或弧線。所以，它們的花紋以菱紋及其變體為最普通。所謂"菱紋變體"是指複合菱紋、回折紋組成的菱紋，開口的菱紋等。有種菱紋，它的兩側帶有開口的小菱紋，當即文獻上所謂"杯文（紋）"，因為它是耳杯形花紋由於斜紋顯花的關係被扭曲成為這種花紋。簡單的菱紋可能也是橢圓形扭曲而成。菱紋的框架內有時充填以圖案化的動物紋或柿蒂紋，但是主紋仍是菱紋（如圖 2-10、2-11 的菱紋綺）。

至於織錦，因為它是多色的重組織，它的花紋的輪廓是以顏色的變換來顯示的，所以花紋可以比較流利，利用曲線較多，而且曲線的線條也較圓滑，例如雲紋、藤蔓紋、叉刺紋，也有圖案化的動物紋和山巒紋。後者是一羣高低起落的山巒，上面奔馳着各種動物，包括怪獸。有時還添上"萬世如意""長宜子孫"之類吉祥文字（見圖 2-14、2-15、2-18、2-19）。織錦也有三角紋、菱紋及其變體，但是不多。西漢早期的絨圈錦的花紋都是幾何紋或其變體，包括曲尺紋（見圖 2-21）。這是因為絨圈錦每組的經線過多而且每個絨圈還突出於錦面之上，難以獲得清楚的富於弧線的花紋。樹木紋在漢錦中不常見，只作為花紋的附屬元素。只有到了 6 世紀，才出現了以成排的樹木充滿幅面的花紋（圖 2-28）。漢錦中的捲雲紋和"叉刺紋"，可能是由植物紋轉變來的。

圖 2-28　阿斯塔那出土樹紋錦

　　刺繡和印花絹的花紋不為織法所限制，可以手工繡出或繪出花紋，所以線條流暢，輪廓清楚。上述織錦中那些富於弧線的花紋圖案，如蓓蕾紋、藤蔓紋和"叉刺紋"也被繡工所採用，而效果更好，富麗而流利，深得當時人民的喜愛。

　　具有漢代特點的平紋綺、羅紋綺、織錦和刺繡，不僅在中國境內發現，並且也曾在外國許多地方發現。有時在相距頗遠的兩處，其所發現的出土物，雖然花紋繁複，但花紋內容竟是幾乎完全一樣。顯然它們是同一來源，可能是出於同一地方，甚至於是同一織坊的產品，而運輸到各地去。王充《論衡》中說："齊地世刺繡，恆女無不能。襄邑俗織錦，鈍婦無不巧。"（卷十二《程材篇》）《漢書·地理志》也記載齊郡臨淄（今山東臨淄）、陳留襄邑（今河南睢縣）都有服官，管理這些絲織物的製造。

延伸閱讀

● 《後漢書·輿服志》

　　《後漢書》為東漢一代的斷代正史。本紀、列傳部分為南朝宋范曄所撰。"志"為西晉司馬彪所撰。原來兩書分別行世，後人把它們合併成一部《後漢書》。《輿服志》為記述當時車馬、服飾之制。本文所引用的部分為天子、諸侯祭天地明堂之際所穿着的衣服。

所謂十二章，乃指日、月、星辰、山、龍、華蟲、宗彝、藻、火、粉米、黼、黻等十二種花紋而言，是飾於古來天子的衣服之上的。各種不同花紋都具有象徵性的意義，本來表示帝王統治下的各氏族（或與各氏族相關的天神地祇）。天子的衣服，飾以這些花紋，便表示他能夠得到諸神的幫助，且能使臣下知曉並承認天子將這些神祇（進而將各氏族）置於統屬之下。十二章的意義，後世各家解釋不同。所謂"表示帝王統治下的各民族"，也是"姑備一說"而已。

- 絲織物的製造

戰國以後，中國絲織品的生產在各地廣為盛行。這些地方生產該地方固有的、具有特色的產品。其中，生產絲織品最為繁盛的地方，是青州、兗州、徐州等地區。兗州的襄邑所生產的各種錦及刺繡，以臨淄為中心的青州所生產的羅、紈、綺、縞和刺繡，都是非常有名的。

到漢代，紡織業作為普遍的民間手工業而日益發展，主要在山東地區和以四川省為中心的一帶地方。尤其是在襄邑和臨淄都設置了專門織造皇室所用絲織品的大規模官營作坊（服官），招雇當地女工，付以高額工資，進行生產。漢代為皇室製造各種用品的官署為少府；在少府中雖然特設織室，以掌其事，但其規模、產品質量，皆遠遠不及服官。

插圖 13　戰國幾何雙鳥（龍）紋紡織品殘片

漢代絲綢流經絲綢之路

這些漢代絲綢，沿着漢武帝（公元前 2 世紀末）開闢的 "絲綢之路" 西運 15。由地圖（圖 2-1）上可以看出來，這些發現古代中國絲綢的地點，是 "絲綢之路" 沿線的中間站或其附近。

"絲綢之路" 以西漢的都城長安為起點向西方延伸，一直通到地中海東岸的安都奧克 16（Antioch，即《魏略》的 "安谷城"），全長達七千公里以上。這條路的開闢至今已有二千多年的歷史，但是 "絲綢之路" 這一專稱是 1877 年德國地理學家李希霍芬第一次使用，到現在已滿一百年。他創造這個專詞是為了強調，這條路的開闢主要是為了運輸中國絲綢到羅馬帝國去。羅馬帝國是當時世界上除了中國之外的另一個超級大國。

公元 64 年，羅馬帝國佔領了敍利亞以後，中國絲綢很為羅馬人所賞識。當時及稍後，羅馬城中的多斯克斯區（Vicus

---

15 關於研究絲織品的文獻資料有：佐藤武敏：《中國古代絹織物史研究》（上、下），風間書房，1978 年。關於研究絲和絲綢之路的文獻資料有：布目順郎《養蠶の起源と古代絹》，雄山閣，1979 年。長澤和俊：《シルクロード文化史》（全三卷），白水社，1983 年（此書所述比較詳細）。

16 〔編者注〕今譯安條克。

Tuscus）有專售中國絲綢的市場。那時候的羅馬貴族不惜高價競購中國絲綢。羅馬作家奧利略亞尼（Vita Aureliani）說：羅馬城內中國絲綢昂貴得和黃金等重同值。另一位羅馬作者培利埃該提斯（Dionysius Periegetes，公元 2−3 世紀）說："中國人製造的珍貴的彩色絲綢，它的美麗像野地上盛開的花朵，它的纖細可和蛛絲網比美。"近代歷史學家中有人以為羅馬帝國的亡滅實由於貪購中國絲綢以致金銀大量外流所致；另有人以為羅馬帝國的興衰是和"絲綢之路"暢通與否息息相關的。這些說法雖然有點夸張，但是當時在中西的交通和貿易中，中國絲綢確是佔有非常重要的地位。

在絲綢之路開闢以前，中國的絲綢已經由歐亞草原的遊牧民族運輸到中亞。南部西伯利亞的巴澤雷克（Pazyryk）的墳墓 [17]（公元前 5 世紀—前 3 世紀）中出土的中國織錦和刺繡以及山字紋銅鏡，可以為證。同一時期或稍晚，這些東西可能通過中亞到西亞去，但是這條路作為貿易孔道而正式開闢，是漢武帝派張騫通西域以後的事。公元前 126 年，張騫由西域返長安報告西域情況以後，"絲綢之路"便隨着漢武帝的西進政策逐漸成為通途

17　梅原末始：《アルタイ地方に於ける考古學上の新發見》（《古代北方系文物の研究》），星野書店，1938 年。
　　〔作者補注〕參閱魯登科（Rudenko）：《斯基泰時期的山區阿爾泰的居民點》（俄文本），1953 年。

大道，大量的中國絲綢通過它向西運輸。從前我們依據不可靠
的史料，以為公元前 3 世紀或更早的西方文獻中已提到塞累斯
（Seres）或塞莉卡（Serica），而這些名詞是否便是指中國或中國
絲綢，值得深入研究。

圖 2-29　敦煌壁畫中描繪的漢武帝遣張騫出使西域，抵達大夏（Bactria）的情形

公元前 6 世紀時，安契美尼德王朝的波斯國派兵東征，直抵中亞的錫爾河（Syr-Daria）。公元前 4 世紀末，希臘雄主亞歷山大東征，也抵達這條河。波斯人和希臘人都在這條河的河畔建立城市和堡壘，但是他們都沒有提到更東的中國。只有較晚的有關亞力山大豐功偉績的傳說故事中，提到他曾親自進軍到中國境內，並且在東北方面修築了長城。這些只能算是傳奇小說，並不是歷史事實。亞里士多德說：在希臘的科斯島（Cos）上有蠶吐絲可織布。這似乎是指一種野蠶，它的廢繭的絲可以供紡織。這和中國以家蠶的繭繅絲，並不相同。此外，有人以為中國絲綢在公元前 3 世紀以前早已輸入歐洲，經過仔細查核，其所引的西方文獻，有的是偽託的古書，或真書中後人有所附益，有的是由於誤解古書的文句，都是靠不住的。

至於公元前 3 世紀的情況，羅馬地理學家斯特拉菩（Strabo，公元前 1 世紀）說：公元前 3 世紀大夏國王東向擴土，直達塞累斯國。這是根據公元前 100 年時人阿波羅多拉斯（Apollodorus）的《安息國史》的記載，而後者當根據更早的文獻。但是這裏的塞累斯，似乎並非指中國，而是指中亞熱海一帶，即當時歐洲人所知道的絲綢來源的最遠地點。這裏的 "塞累斯" 是這個地名第一次在歐洲文獻中出現。它是在公元前 3 世紀時便已使用呢，還是公元前 1 世紀的羅馬作者用今名來指古代地區呢？現今不易下斷語。但是至少我們可以說，公元前 3 世紀時中國絲綢似乎已西運到大夏。

另一個誤解是有人以為公元前 3 世紀時中國的鎳銅合金的白銅已沿着絲綢之路西輸到大夏。雖然當時大夏鑄幣有用白銅的，但這種白銅並不一定來自中國。當時中國是否已產白銅仍屬疑問。中國文獻中最早有“白銅”一名的是晉常璩《華陽國志》（公元 4 世紀），但這並不一定指銅鎳的合金。現存實物中似乎沒有比明代更早的。有些被稱為“白銅”的漢鏡、“大夏真興錢”，和隋五銖白錢，都是高錫的錫銅合金。不過，我們對於當時有中國白銅輸入大夏提出疑問，並不是說當時中國絲綢也沒有輸入大夏。可能當時絲綢已經通過遊牧民族西輸到大夏等國，但是“絲綢之路”的正式開闢是公元前 2 世紀末張騫通西域以後的事。

公元 1 世紀時，羅馬學者老普利尼（Pliny the Elder）的書中，不僅提到塞累斯這產絲之國，還提到這個國家以絲線織成絹帛輸入羅馬。4 世紀時，史家馬塞里努斯（Marcellinus）談到中國絲絹時說：“昔日吾國僅貴族始得衣之。而今則各級人民，無有等差。甚至於走夫皂卒，莫不衣之矣。”意大利境內氣候潮濕，古代絲綢不易保存下來。據意大利一位教授說，在意大利南部的巴布利（Publie）遺址曾出土過羅馬時代絲綢。此外，4 世紀時羅馬帝國屬下的埃及的卡烏（Qau）和敍利亞的杜拉歐羅巴（Dura-Europa），都曾發現過中國絲綢。5世紀時，埃及和敍利亞許多地方都用中國的絲線在當地製造絲絹。6世紀時，東羅馬查士丁尼大帝才引進中國的家蠶的品種和飼養技術。

　　我曾在"絲綢之路"的東端西安做過考古工作，又曾從蘭州開始，沿着河西走廊一路調查和試掘，一直到敦煌荒漠中的漢玉

圖 2-30　漢朝玉門關遺址

門關遺址 [18]，還去過新疆的烏魯木齊和吐魯番調查古跡 [19]。我也有機會訪問過"絲綢之路"的西段，包括伊拉克的巴格達和伊朗的幾座古城。這條長達七千公里以上的"絲綢之路"，中途有幾段要通過荒無人煙的大漠和高山。當我騎乘駱駝考察漢玉門關和附近的漢代長城烽燧時，便更深刻地體會到當時在這條路上旅行者的艱苦情況。然而他們竟衝破一切困難，使這條通途在中西交通史上起了極為重要的作用，這實使人驚歎不已。日本廣播協會曾拍攝了以岡崎教授為顧問的《絲綢之路》[20] 電影。許多日本朋友曾到這"絲綢之路"沿線各地考察或旅行過。我想他們一定會同意我的這種看法。

但是中西的文化交流和貿易往來並不是單方面的。中國也由西方輸入毛織品、香料、寶石、金銀鑄幣、金銀器等。例如中

18　夏鼐：《敦煌考古漫記》，《考古通訊》1955 年 1、2、3 期。
〔本書增注〕《夏鼐文集》第四冊（改題《甘肅考古漫記》）。

19　夏鼐：《吐魯番新發現的古代絲綢》，《考古》1972 年 2 期；《考古學和科技史》，科學出版社，1979 年。
〔本書增注〕《夏鼐文集》第三冊。

20　1980 年以來由日本廣播協會所作關於《絲綢之路》的記錄有下列幾種：陳舜臣、NHK 取材班：《長安から河西迴廊へ》，1980 年。井上靖、NHK 取材班：《敦煌》，1980 年。井上靖、岡崎敬、NHK 取材班：《幻の樓蘭・黑水城》，1980 年。井上靖、長澤和俊、NHK 取材班：《流砂の道》，1980 年。陳舜臣、NHK 取材班：《天山南路の旅》，1981 年。司馬遼太郎、NHK 取材班：《民族の十字路》，1981 年。（以上皆日本廣播出版協會刊行）

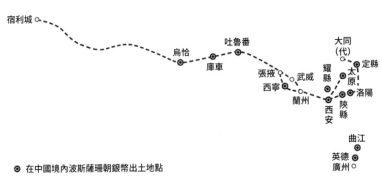

● 在中國境內波斯薩珊朝銀幣出土地點

圖 2-31 波斯薩珊朝和中國交通路線示意圖

國境內沿着絲綢之路及其附近，便曾發現過不少的波斯銀幣和拜占庭（東羅馬）金幣[21]（圖 2-31、2-32）。精神文明方面，如佛教和佛教藝術，也是沿着這條路傳入中國。它們對中國的文化和藝術，產生了很大的影響。

21　夏鼐：《中國最近發現的波斯薩珊朝銀幣》，《考古學報》1957 年 2 期；《考古學論文集》，科學出版社，1961 年。夏鼐：《咸陽底張灣隋墓出土的東羅馬金幣》，《考古學報》1959 年 3 期；《考古學論文集》，科學出版社，1961 年。夏鼐：《綜述中國出土的波斯薩珊朝銀幣》，《考古學報》1974 年 1 期。（以上三篇，均見《夏鼐文集》第三冊）。夏鼐著，樋口隆康等譯：《中國考古學研究》，學生社，1981 年。岡崎敬：《サーサーン・ペルシア銀貨とその東伝について》，《東西交渉の考古學・增補》，平凡社，1980 年。

圖 2-32　中國境內出土的波斯薩珊朝銀幣（銀幣上鑄有國王的名字，分別為沙
　　　　普爾二世、阿爾達希爾二世、沙普爾三世、耶斯提澤德二世、卑路斯、
　　　　卑路斯、庫思老一世、霍爾姆茲德二世、庫思老二世、布倫女王）

延伸閱讀

● 絲綢之路

1877 年，德國地理學家李希霍芬所提出的"絲綢之路"這一名稱，乃泛指東西交通的道路而言。在中國，"絲綢之路"這一翻譯過來的名詞，已被肯定下來。在日本，從明治時代開始，首先是白鳥庫吉從文獻上來研究東西交通史、西域史；其後，有大谷光瑞等曾赴現地作考古學上的調查。

● 巴澤雷克（Pazyryk）的墳墓

巴澤雷克文化為西伯利亞地方的一種遊牧文化，其年代為公元前500—公元 100 年。巴澤雷克位於蘇聯南西伯利亞（今屬俄羅斯）的阿爾泰山北側的大烏拉幹河岸，是由格里亞茲諾夫和魯登科所領導的考古隊，在此地發掘了古墳羣的。1–5 號墓為大墓，方形墓坑，中埋木棺槨，墓上積石以築塚堆。墓羣附近海拔較高，氣候荒寒，因而墓內封凍。隨葬品除金屬器、陶器之外，還發現有已木乃伊化了的乾屍，以及木器、紡織品、皮革等有機質物品，保存的情況都很好。其中包含了西亞製的毛織物、中國製的絲織品。在紋飾中可以看到斯基泰西伯利亞系統的動物圖案。

- 張騫（？—前 114 年）

　　張騫，陝西省城固縣人，漢武帝時為郎。當時武帝欲討伐匈奴，擬聯大月氏與共擊之。乃招募能出使月氏者，張騫以郎應募，大約於公元前 139 年出使西域。張騫往返經匈奴地，為匈奴捕虜，於公元前 126 年脫歸長安，為太中大夫。公元前 123 年，漢討匈奴，騫從軍擊匈奴，以軍功封為博望侯。其後二年，因戰失有罪，得贖為庶人。以後因漢武帝欲與烏孫結為同盟，騫乃再次赴西域與烏孫通好。由於張騫的西行，中國得以盡知西域情勢，為漢武帝征伐匈奴進入西域作了重大的貢獻。

- 錫爾河（Syr-Daria）

　　錫爾河是中亞的河流，希臘語稱之為藥殺水（Jaxartes）。它發源於天山山脈西部，流經克孜爾庫姆沙漠北側，而注入咸海。上流的費爾干納盆地中的霍占（Khojend）應是相當於亞歷山大所建的五個亞歷山大里亞之中的一個。自古以來，其地當東西交通之要衝，為北方遊牧民族和西亞王朝角逐之地。

- 大夏

　　大夏即西方史籍中的巴克特里亞（Bactria），位於中亞烏滸水（阿姆河）的上中游，現在的阿富汗國的北部。中心地為巴克特拉（現在的巴里黑，Balkh），在中國古代文獻中譯為縛喝羅（Bahlika）或小王舍城。公元前 6 世紀時為波斯阿契美尼德王朝。公元前 4 世紀中葉為亞歷山大所征服。其後，當塞琉古王朝統治時期，為希臘文化東漸的據點；公元前 256 年左右獨立，並形成了大夏（希臘‧巴克特里亞）王國。公元前 2 世紀前半的迪米特里厄斯（Demetrius）王時為其極盛時代，領土擴展到了印度西北部。公元前 140 年左右，由於遭到安息和月氏的侵略而滅亡。在阿伊‧哈努姆（Ai-khanoum，在阿富汗北部）曾發掘出都市遺址，發現了城堡、街道、神殿、墳墓，等等。還發現有希臘式的石建築物，陶器、雕刻、碑文等。大夏的歷代諸王，都曾鑄造希臘的德拉克麥（Drachma）式的銀幣。

● 白銅

　　銅鎳合金之中，鎳的含量佔 20%—25%，稱之為白銅。往銅裏加入鎳的數量逐漸增加，則銅的色澤就將逐漸減薄，如果含鎳量超過了 20%，則呈銀白色，因而稱之為白銅。鏡及貨幣等銅錫合金之中，含錫量如果超過了 20%，也會呈現類似銀灰的顏色，雖然也有稱之為白銅質的，但從金屬學的角度來講，它仍屬於青銅之一。不過，需要說明的是，在中國古書上所見到的白銅，並不全限於銅鎳的合金。明代宋應星《天工開物》中所說的白銅，乃是銅和砷的合金。《華陽國志》所載雲南省螳螂縣（現在的安寧市）一帶所產的白銅，很可能所指的也並非是銅和鎳的合金。

● 拜占庭（東羅馬）金幣和波斯銀幣

　　拜占庭金幣，1955 年出土於陝西省咸陽市底張灣的隋墓中。據考證，為查士丁尼 II 世（在位時間為 565–578 年）所鑄。吐魯番的三號墓中還發現了查士丁尼 I 世（在位時間為 527-565 年）所鑄的金幣。阿斯塔那 5 號墓、6 號墓中以及西安市土門村唐墓中都曾出過同類金幣，當是中亞所仿製的。出土的波斯銀幣，已超過一千枚以上。除西安和洛陽以外，沿絲綢之路的一些地點，大部分都出過這類銀幣。至於在廣東省所發現的波斯銀幣，當是沿着南方的海路而流入的。

插圖 14 公元 5—8 世紀公羊紋絲織品殘片
這件絲織品出土於中亞地區，可能是在薩珊王朝中心地區生產的。它們在絲綢之路沿線受到青睞，並遠播至中亞東部和中國。

由於西方影響而發展起來的唐代絲織物

中國絲綢的織造技術和花紋圖案，經過魏晉南北朝到唐代，也受了西方的影響，而起了很大的變化。西方傳統織法的斜紋組織，由於織物表面佈滿浮線，能更充分地顯示絲線的光澤，所以後來被中國織工廣泛採用。唐代的織錦[22]，也由漢錦的經線顯花改而採用西方的較容易織的緯絲顯花法（圖 2-33）。印染方面，唐代的蠟染和絞纈，也都是漢代所沒有的。新疆尼雅東漢遺址[23]出土的靛藍色蠟纈佛像花紋的棉布（圖 2-34），當是印度輸入品。

花紋方面，漢代那種寬帶式花紋佈局，到了唐代改為孤立的花紋元素散佈全幅。花紋母題（motif）則西方式植物紋盛行，包括忍冬紋、葡萄紋等（圖 2-35、2-36、2-37）。波斯薩珊朝式的

22　新疆維吾爾自治區博物館出土文物展覽工作組：《絲綢之路 —— 漢唐織物》，文物出版社，1972 年。新疆ウイグル自治區博物館編，岡崎敬譯，岡崎敬、西村兵部解説《漢唐の染織：シルクロードの新出土品》，小學館，1973 年。

23　新疆維吾爾自治區博物館：《新疆民豐縣北大沙漠中古遺址墓葬區東漢合葬墓清理簡報》，《文物》1960 年 6 期，11 頁，圖見 5、6 頁。

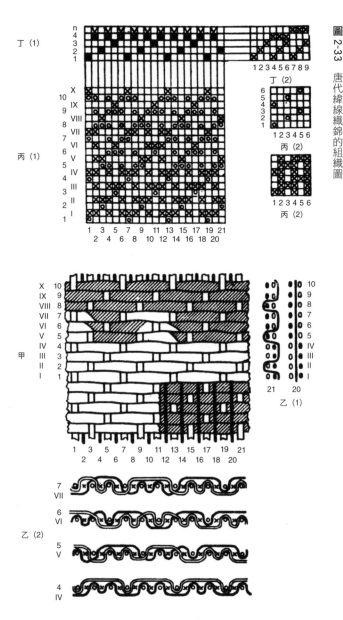

圖 2-33　唐代緯線織錦的組織圖

圖 2-34　尼雅出土東漢蠟染花布

圖 2-36　紅色絞纈絹（阿斯塔那出土）

圖 2-35　北朝方格獸紋錦

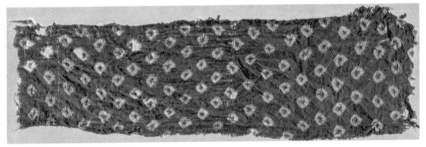

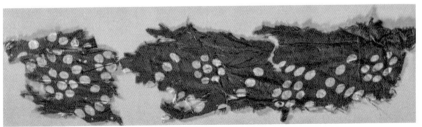

圖 2-37　藍色絞纈絹（阿斯塔那出土）

那種以聯珠綴成的圓圈作為主紋的邊緣 [24]（圖 2-38），唐代很是盛行。圓圈內常填以對馬紋、對鳥紋和對鴨紋等，也有填以波斯式的豬頭紋和立鳥紋（圖 2-39、2-40、2-41、2-42、2-43）。新疆出土的一件對駝紋織錦，織有漢字"胡王"（圖 2-44）。這說明它是中國織工所設計織造的。花鳥紋錦的花紋，則是中國風格（圖 2-45）。一件蠟纈狩獵紗，以射箭的騎士為主題，空隙處填以兔、鹿、花草、禽鳥等，很是生動（圖 2-46）。絞纈的花紋常是幾何紋（圖 2-34、2-35）。花紋單元的邊緣輪廓，常常朦朧不清楚，和唐三彩的圖案輪廓線相似，使人聯想起現代畫派的朦朧表現法 [25]。雖然唐代中國吸取了外國的元素，但是能加以融化，使之仍具有中國藝術的風格。所以唐代藝術，今天看起來，仍是中國藝術的傳統的一部分。唐代的絲織物比漢代的更加華麗多彩。它們有許多傳入日本，有的現仍藏在奈良東大寺正倉院 [26]。這影響了日本當時的絲綢手工業。這是中日文化交流的又一個例子。

24　岡崎敬：《アスタナ古墳羣の研究》，《佛教藝術》十九，1953 年。岡崎敬：《東西交涉の考古學》，平凡社，1973 年，增補版 1980 年。深井晉司：《ターク・イ・ブスタン》（Taq-I Bustan），東京大學東洋文化研究所，1983 年。

25　〔作者補注〕文中所述各件唐代花紋的絲織物，見新疆博物館：《漢唐絲綢》，1972年；《新疆出土文物》，文物出版社，1975 年。

26　正倉院事務所：《正倉院の寶物》，朝日新聞社，1965 年。正倉院事務所：《正倉院寶物　北倉　中倉　南倉》，朝日新聞社，1960–1962 年。正倉院事務所：《正倉院の羅》，日本經濟新聞社，1971 年。松本包夫：《正倉院の染織》，至文堂，1974 年。

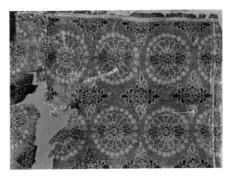

圖 2-38　團花紋錦（阿斯塔那出土）

圖 2-40　聯珠孔雀紋錦覆面（阿斯塔那出土）

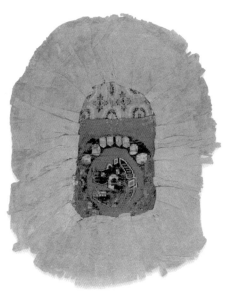

圖 2-39　聯珠熊頭紋錦覆面（阿斯塔那出土）

圖 2-41　聯珠對鳥紋錦（阿斯塔那出土）

圖 2-42　聯珠鳥紋錦覆面（阿斯
　　　　塔那出土）

圖 2-43　聯珠對鴨紋錦（阿斯塔那出土）

圖 2-44　牽駝"胡王"錦（阿斯塔
　　　　那出土）

圖 2-45　花鳥紋錦（阿斯塔那出土）

圖 2-46 綠色蠟纈紗（阿斯塔那出土）

　　總結上面的論述，我們可以說：漢代絲織物一方面繼承了戰國時代的傳統，而另一方面又有了變化和發展，因之達到了很高的水平，而被境外的文明民族（包括羅馬人）所喜愛。這導致"絲綢之路"的開闢和發展。到了唐代，中國絲綢因為受了通過"絲綢之路"傳進來的西方影響和本身的創新和發展，無論在織造技術或花紋方面，都有了很大的變化。雖然有人把兩個時代的絲織物合稱"漢唐絲綢"，實際上二者大不相同。這種變化和發展的過程，大致的輪廓是清楚的，但是細節方面還有待於今後進一步深入探討。

延伸閱讀

● 正倉院

正倉院位於日本奈良東大寺，其所珍藏的染織遺寶，包括殘缺不完整者在內，遠遠超過了十萬件以上。如果再加以法隆寺中所保存下來的絲織品，可以說七八世紀的染織品大體上網羅殆盡。絲織品中的羅、綾、錦之外，還有施以蠟纈、絞纈的染色絲綢，施以印花彩繪的絲綢，以及帶有刺繡的絲綢。其中主要的藏品，是天平勝寶八年（756年）時，皇室捐獻給東大寺的聖武天皇生前所用的衣物，都是天平年間的。其中，大部分的衣物應是遣唐使從唐朝帶回日本的。

插圖 15 日本正倉院

第三章

中國文明的起源

提要 [1]

　　全世界最古老的、獨立發展的文明，是六大文明。即：兩河流域、埃及、印度、中國、墨西哥和秘魯。前二者有互相影響的關係，有考古學的資料為證。印度和兩河流域二者之間的關係，也是如此。墨西哥和秘魯在新大陸，和舊大陸遠隔重洋，一般認為它們的文明起源與舊大陸無關。只有中國文明的起源這一問題，成為傳播論派和獨立演化論派爭論的交鋒點。

　　以前，有的學者以為小屯殷墟文化，即從安陽小屯殷墟所發掘出來的遺址、遺物，便是代表中國最早的文明。小屯殷墟文化，便是中國文明的誕生。但是，小屯殷墟文化是一個高度發達的文明。如果認為這是中國文明的誕生，那就未免有點像傳說中的老子，生下來便有了白鬍子。於是有些人主張中國文明的西來說，說中國文明是把近東的兩河流域成熟了的文明整個移植過來。這是主張中國文明西來說者，用最簡單的辦法來解決中國文明起源這樣一個複雜問題。但這個問題並不是那樣簡單的。中國考古工作者經過了三十多年的考古工作，對於小屯殷墟文化有了更加深刻的認識。在這一章裏，着重地介紹了安陽小屯的考古新發現，特別是關於青銅器的發現。更重要的是，對於中國文明的

1　〔編者注〕此提要係夏鼐為本書中文版特地補寫。

起源，可以從殷墟文化向上追溯到鄭州二里崗文化，和比這更為古老的偃師二里頭文化。從新發現的文化內容上，我們可以證明它們之間是有聯繫、一脈相承的關係。

關於中國文明的起源問題，最能代表商文明的高度水平的特點有：相當發達的冶鑄青銅的技術與銅器上的紋飾，甲骨文字的結構與特點，陶器的形制與花紋，玉器的製法與紋飾，等等。這些都有它的個性、它的特殊風格和特徵。它們可以證明，中國文明是獨自發生、發展，而並非外來的。

從最新發現的中國新石器時代的各種文化的分佈地區，及其相互關係與發展過程，也可以看出中國文明的產生，主要是由於本身的發展；但是這並不排斥在發展過程中有時可能加上一些外來的因素、外來的影響。根據考古學上的證據，中國雖然並不是完全同外界隔離，但是中國文明還是在中國土地上土生土長的。

中國的考古工作者，現正在努力探索中國文明的起源。探索的主要對象是新石器時代末期或銅石並用時代的各種文明要素的起源和發展，例如青銅冶鑄技術、文字的發明和改進、城市和國家的起源，等等。這些都是我們中國考古學上今後的重要課題。

文明起源的早晚

　　"文明"一詞，在中國文獻中最初見於《易經·文言傳》中"天下文明"。孔穎達疏："有文章而光明也。"現今漢語中用它來翻譯西文中 Civilization 一詞，指人類社會進步的狀態，與"野蠻"相對[2]。摩爾根─恩格斯的社會發展史學說（Morgan-Engels Theory）將"野蠻"分為"蒙昧"與"野蠻"兩個時期，和"文明"時期合為人類社會發展的三個時期。人類從野蠻時期的高級階段經過發明文字和利用文字記載語言創作而進入文明時期。

　　現今史學界一般把"文明"一詞用來指一個社會已由氏族制度解體而進入有了國家組織的階級社會的階段。這種社會中，除了政治組織上的國家以外，已有城市作為政治（宮殿和官署）、

2　〔作者補注〕今本《尚書·舜典篇》中，有"濬哲文明"句，論者或以為較《易經·文言傳》為早。但今本的《舜典篇》，為東晉孔傳本從《堯典》中分出者。據近人考訂，其成書當在戰國時代。《舜典篇》中，開始的 28 字（其中包括"濬哲文明"四字），實為南齊建武四年（487 年）姚方興奏獻本所附加的（參《十三經注疏》本《舜典篇》孔穎達疏及陳夢家《尚書通論》71–72 頁及 112 頁）。因此，《舜典篇》的"文明"二字，較之《易經·文言傳》的時代為晚。關於《文言傳》的年代，一般以為應是西漢初期的著作。馬王堆三號墓（西漢初年）出土的《易經》未見《文言傳》。漢字"文"與"明"二字連綴一起構成一個詞組，恐不能上溯到先秦時代。

經濟（手工業以外，又有商業）、文化（包括宗教）各方面活動的中心。它們一般都已經發明文字，能夠利用文字作記載（秘魯似為例外，僅有結繩記事），並且都已知道冶煉金屬。文明的這些標誌以文字最為重要。歐洲的遠古文化只有愛琴—米諾文化，因為它已有了文字，可以稱為"文明"。此外，歐洲各地的各種史前文化，雖然有的已進入青銅時代，甚至進入鐵器時代，但都不稱為"文明"。

英國劍橋大學格林·丹尼爾教授（G.Daniel）[3] 在 1968 年曾認為全世界最古老的獨立發展的文明是六大文明：埃及、兩河流域、印度、中國、墨西哥（包括奧爾密克文化、瑪雅文化）和秘魯。前二者有互相影響的關係，這有考古學的資料為證。印度河流域和兩河流域二者之間的關係，也是如此。荷蘭著名考古學家弗克福特（H.Frankfort）在五十年代初便指出全世界範圍內獨立發展的文明可能只有三個：近東（埃及、兩河流域），中國和中、南美（墨西哥、秘魯）。後者遠在新大陸，與舊大陸遙隔重洋，一般認為它們的起源與舊大陸無關。只有中國文明的起源這一問題，成為傳播論派和獨立演化論派爭論的交鋒點。它不僅是中國史學和中國考古學中的一個重要課題，也是世界文化史上的一個重要課題。

3　〔譯者補注〕丹尼爾於 1974 年任劍橋大學考古學教授，1981 年退休。

　　我以為中國文明的起源問題，像別的古老文明的起源問題一樣，也應該由考古學研究來解決。因為這一歷史階段正在文字萌芽和初創的時代。縱使有文字記載，也不一定能保存下來，所以這只好主要地依靠考古學的實物資料來作證。

　　六十年以前[4]，五四新文化運動的主將之一、文史研究的權威胡適博士，在 1923 年 6 月寫給顧頡剛的一封信中還說道："發見澠池〔仰韶村〕石器時代的安特森近疑商代猶是石器時代的晚期（新石器時代）。我想他的假定頗近是。"[5]1925 年，法國考古學家第・摩根（J.de Morgan）以為中國文明的開始大約在公元前 7 至 8 世紀，更早的便屬於中國史前時代，情況完全不清楚。

　　自從 1928 年安陽小屯的考古發掘開始以後，經過了最初幾年的田野工作，便取得了很大的收穫。到了三十年代，已可確定商代文化實在是一個燦爛的文明，但是當時一般學者仍以為小屯殷墟文化便是中國最早的文明，有人以為這便是中國文明的誕生。我們知道小屯殷墟文化是一個高度發達的文明，如果這是中國文明的誕生，這未免有點像傳說中的老子，生下來便有了白鬍子。所以有些人以為中國文明是西來的，是把近東兩河流域成熟

4　〔編者注〕本文寫於 1983 年。

5　〔作者補注〕胡適（1891-1962），字適之，安徽績溪人。他的這幾句話見顧頡剛主編的《古史辨》第一冊，1926 年版，200 頁。

了的文明整個拿過來，這是中國文明西來說者用最簡單的辦法以解決中國文明起源這一個複雜問題。但是這個問題並不是這樣簡單。我們經過了三十多年的考古工作，對於小屯殷墟文化有了更深刻的認識。我們先來談一談小屯殷墟文化的面貌。

延伸閱讀

• 孔穎達（574-648 年）

孔穎達，字仲達，是唐初著名學者，冀州衡水人。隋煬帝時，舉為河內郡博士。煬帝嘗召集諸郡儒者於都下講學，穎達年最少而列前茅，因遭諸前輩學者妒忌，幾被殺害。唐滅隋，太宗重用穎達，歷任學官，並為國子祭酒。為東宮侍講，屢向太子進諫言。後受敕命與顏師古等共撰定《五經義訓》一八〇卷，亦稱之為《五經正義》，一直流傳至今，解經者奉為圭臬。《周易正義》即其中之一種，取王弼注而為之疏，講周易者多尊崇之。

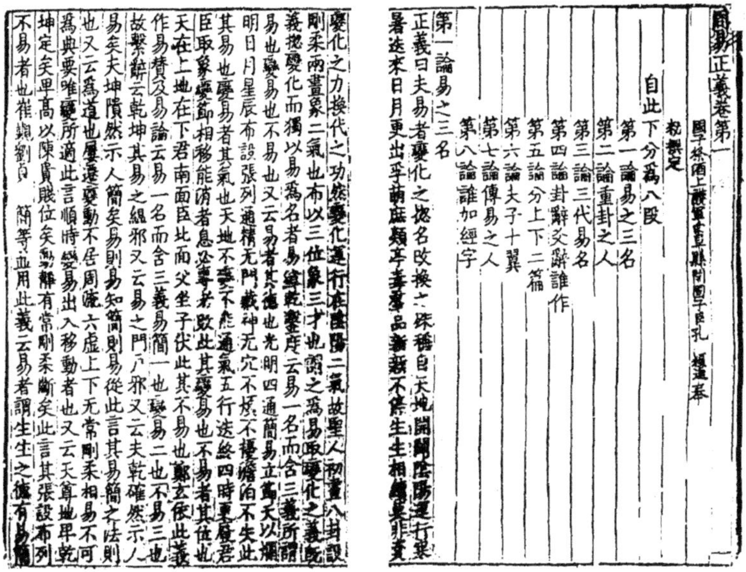
周易正義卷第一
國子祭酒上護軍曲阜縣開國子臣孔穎達奉
勅撰定
自此下分為八段
第一論易之三名
第二論重卦之人
第三論三代易名
第四論卦辭爻辭誰作
第五論分上下二篇
第六論夫子十翼
第七論傳易之人
第八論誰加經字
第一論易之三名
正義曰夫易者變化之揔名改換之殊稱自天地開闢陰陽運行寒
暑迭來日月更出孚萌庶類亭毒羣品新新不停生生相續莫非資
變化之力換代之功然變化運行在陰陽二氣故聖人初畫八卦設
剛柔兩畫象二氣也布以三位象三才也謂之為易取變化之義既
義揔變化而獨以易為名者易緯乾鑿度云易一名而含三義所謂
易也變易也不易也又云易者其德也光明四通簡易立節天以爛
明日月星辰布設張列通精无門藏神无穴不煩不擾澹泊不失此
其易也變易者其氣也天地不變不能通氣五行迭終四時更廢君
臣取象變節相移能消者息必專者敗此其變易也不易者其位也
天在上地在下君南面臣北面父坐子伏此其不易也鄭玄依此義
作易贊及易論云易一名而含三義易簡一也變易二也不易三也
故繫辭云乾坤其易之緼邪又云易之門戶邪又云夫乾確然示人
易矣夫坤隤然示人簡矣易則易知簡則易從此言其易簡之法則
也又云為道也屢遷變動不居周流六虛上下无常剛柔相易不可
為典要唯變所適此言順時變易出入移動者也又云天尊地卑乾
坤定矣卑高以陳貴賤位矣動靜有常剛柔斷矣此言其張設布列
不易者也崔覲劉貞簡等並用此義云易者謂生生之德有易簡

插圖 16　《周易正義》書影

- 摩爾根—恩格斯的社會發展史學說

美國人類學者路易斯 · H. 摩爾根（Lewis H. Morgan）於 1877 年發表了所著《古代社會》一書。書中，將人類社會的發展，按照其生活資料來源的擴充，分為蒙昧、野蠻、文明三個階段（在日本，也有譯作野蠻、未開、文明的）。而對於前兩個階段，又分別細分為下層、中層、上層三期。即：

蒙昧下層期 —— 人類幼年期、植物採集

蒙昧中層期 —— 使用火、魚食

蒙昧上層期 —— 發明弓、肉食

野蠻下層期 —— 製作陶器

野蠻中層期 —— 飼養家畜

野蠻上層期 —— 鐵礦的精煉

文明期 —— 發明文字

馬克思主義的理論家恩格斯，於 1884 年著《家庭、私有制與國家的起源》一書。他以摩爾根的人類文化發展的階段為基礎，更加以婚姻形態，提出社會發展的三階段說。即蒙昧期為集團婚，野蠻期為對偶婚，野蠻上層期為一夫多妻婚和文明期的一夫一妻婚。此書為馬克思主義的經典著作之一。

● 格林‧丹尼爾教授

格林‧丹尼爾（Glyn Daniel），為英國劍橋大學聖約翰學院考古學人類學研究室的主任研究員，並兼任尤尼巴西特學院（University College）的考古學講師。專門研究西歐和地中海地區的巨石紀念物和先史美術，對於考古學史也是造詣甚深的。他還是《古代》（*Antiquity*）這一專業性雜誌的編輯人，並且是電視廣播的主持人。在他所著的《最初的文明：關於文明的起源的考古學研究》（*The First Civilizations: The Archaeology of their Origins*, Thames and Hudson, 1968）〔阪本完春譯為日文，改題為《文明之起源與考古學》（現代教養文庫）〕一書中，指出了美索布達米亞、埃及、印度河、中國、墨西哥、瑪雅為六大文明起源之說。以前，一般的說法是，世界的古代文明是在大河流域獨自發生的。但根據考古學的資料，作者主張這些文明之間是依靠互相接觸、刺激的聯合作用，而產生了文明（阪本完春《譯者書後》）。

• 弗克福特

　　亨利・弗克福特（Henri Frankfort，1897－1954 年），荷蘭阿姆斯特丹（Amsterdam）人。於阿姆斯特丹大學和倫敦大學畢業後，擔任了英國的埃及考古調查會的發掘主任，主持了泰爾・埃爾・阿馬爾那（Tell el Amarna）和阿拜多斯（Abydos）的調查工作。以後，擔任了美國芝加哥大學東方研究所的伊拉克調查發掘主任，調查了泰爾・阿斯馬爾（Tell Asmar）、卡法查（Khafaja）、科爾薩巴德（Khorsabad）等處的遺址。1949 年，擔任了倫敦大學的沃伯格研究所（Warburg Institute）主任。代表作有：《近東文明的誕生》（*The Birth of Civilization in the Near East*，1951 年）。該書中提出的主要論點為：從原始轉移向文明階段，是不止一次地、逐漸形成的。但其變化，通常是由於和比較進步的外國人相接觸而產生的。獨自產生文明的例子有三個，即古代近東、中國和中南美。但是，瑪雅和印加文化的創立過程不甚清楚；而中國文明，也有可能受到了來自西方的刺激。埃及和美索布達米亞的文明，則可確認為獨立發生的。

• 傳播論派和獨立演化論派

　　中國文明的發源地在西方，是從西方傳播過來的這種說法，很久以來就有了。18 世紀後半，法國人約瑟夫・德・歧尼（Joseph de Guignes，或譯德經）認為中國人乃是從埃及殖民過來的。另外兩位法國的漢學家波提埃（M.G.Pauthier）和盧內爾曼將漢字和楔形文字進行比較，提出了中國文明和巴比倫文明有親緣關係的說法。英國的東方學者拉克伯里（Terrien de Lacouperie）將中國文明和美索布達米亞的烏爾地方的迦勒底文明相比較，也認為兩者之間有某種關係。英國的理格（James Legge），提出了諾亞的子孫東行來到中國之說。德國的李希霍芬也主張中國人是西方移入之說。上述種種說法，無非都是出於假設。但安特森發現了彩陶並指出這和中亞的安諾以及東歐的特里波列等處的彩陶相類似，於是為西方起源說提供了有力的證據。

主中國文明是獨自發展之說的，其論據是文明的發生都是在世界上的大河流域。也有人從人骨化石的研究上，提出在舊石器時代已經形成了的蒙古人種，是同漢民族的祖先有聯繫的。另外，新石器時代的龍山文化，是發生於中國東部地區的土著文化。這種文化取代了西方起源[6]的仰韶文化。夏和殷的文化即是承襲了這種文化而衍變出來的。其後，西方系統的周文化佔了統治地位。東西兩個系統的文化，如此交替地發展形成了中國古代的文化，因而有主夷夏東西之說的。總而言之，中國農耕文化在黃河流域是粟和稷，而在長江流域是水稻耕作。這和西亞的麥作農耕是有本質上差別的。其次，儘管最早的青銅文化是由西方輸入的，但它是經土著民族獨自發展起來的。[7]

6　〔編者注〕此處的西方，非指西方世界，而是指中國的西部。有學者認為，夏、商、周三代及以前，中國地域大體上有東、西兩個不同的體系。

7　〔作者補注〕樋口隆康所説的 "中國最早的青銅文化是由西方輸入的" 這一説法，現下許多學者對此還是有不同看法的。這問題還有待更多的有關的考古新發現，才能取得大家一致同意的結論。

● 顧頡剛（1893-1980 年）

　　顧頡剛，江蘇省吳縣人，民國時著名的歷史學家。北京大學哲學系畢業後，在上海商務印書館工作，其後歷任北京大學副教授，廈門大學、廣州中山大學教授，國立中央研究院歷史語言研究所研究員、北平燕京大學教授等職。[8]

　　他從青年時代開始，即對傳統的學問進行古典批判；認為這些書中所寫的中國古代的傳說，時代越古，越是有後代人加寫進去的東西，因而提出要活用考古學、民俗學的方法，確立科學的史學。對於贊成和否定這一論點而引起的議論，後經整理為《古史辨》，陸續出版。他和志同道合的人一起創辦了《禹貢》雜誌，因為所發表的都是與他們具有同一觀點的論文，所以人們稱之為禹貢學派。

● 安特森

　　安特森即安特生（Johan Gunnar Andersson， 1874-1960 年），瑞典地質學家，對於中國近代考古學的誕生作過貢獻。他為了從事於中國礦產資源的調查和開發，於 1914 年應聘來華。他在各地從事地質調查期間，發現了周口店北京人的存在。從 1921 年以來，他由於發掘了河南仰韶遺址，調查了甘肅、青海等地，因而蒐集了大量的彩陶。在這個基礎上，他將甘肅的彩陶文化分為了六期，構成了當時從新石器時代到青銅器時代分期的標準。他回到瑞典以後，在斯德哥爾摩籌建

8　〔本書增注〕1954 年起，任中國科學院歷史研究所研究員，後曾受命主持“二十四史”和《清史稿》標點工作。

了遠東古物博物館，自任館長，以整理所搜標本，終了一生。主要著作有：

中華遠古之文化（英文）(*An Early Chinese Culture*)，1923.

甘肅考古記（英文）(*Preliminary Report on Archaeological Research in Kansu*)，1925.

黃土的兒女（英文）(*Children of the Yellow Earth*)，1934.

中國史前史研究（英文）(*Researches into the Prehistory of the chinese*)，BMFEA（《遠東博物館館刊》）第 15 冊，1943。

● 第·摩根

第·摩根（Jacques de Morgan，1857–1924 年），法國著名考古學家。中學生時代即對考古有濃厚興趣。1891 年任埃及古物局長官，對於孟斐斯（Memphis）遺跡、代森舒爾（Dahshur）珍寶、那迦達（Naqada）王墓等許多遺跡、遺物進行了調查並實施保存。1897 年以後，對波斯的蘇薩（Susa）進行了有組織的調查發掘。在這裏發現了諸如漢謨拉比法典的石碑、那拉姆·辛（Naram-Sin）戰勝紀念碑等對於伊蘭（Elam）的研究極為貴重的資料，把它們都拿到盧浮宮博物館去了。所著關於史前文化、古代文明方面的概論性質的書，都是非常出色的。主要著作：

埃及起源的研究（法文）(*Recherches sur les Origines de L'Egypte*)，1896.

史前人類學（法文）(*L'humanite' Pre'historigue*)，1924.

東方史前史（法文）(*La prehistoire Orientale*)，1925.

小屯的殷墟文化

我是 1935 年春季在安陽殷墟初次參加考古發掘的，也是我第一次到這考古聖地。那一季我們發掘西北崗墓羣。發掘團在侯家莊租到幾間民房住下。因為當時盜墓賊猖狂，曾寄來匿名信，要我們不要染指他們視為寶藏的西北崗墓羣，否則當心性命，所以住處的門前有威風凜凜的武裝士兵站崗（圖 3-1）。我最近一次去安陽，是 1976 年婦好墓發現後去參觀這個墓的出土物。經過這四十年的時光，這裏的農民生活變化很大，社會治安良好。我

圖 3-1　早年殷墟發掘時，武裝士兵站崗情形

們考古研究所在小屯村西建立了工作站，蓋了樓房，有辦公室、工作室、陳列室和倉庫（圖3-2）。工作人員的條件改善了。日本朋友去安陽參觀的，我們都很歡迎。

這四十多年來變化更大的是商代考古的研究方面。我們不僅累積了更多的考古資料，並且研究工作也更加深入了。去年（1982年）9月我在美國檀香山參加商文化的國際討論會時，與台灣省來的代表和外國的同行們（包括日本的朋友）談到這事時，大家也都有這種感覺。我們現在不是把甲骨片、銅器和玉器當作古董鋪或收藏家的古董來看待，也不是把陶器、陶片、銅器、玉石器和骨器作為孤立的考古標本來作研究，而是把商文明作為一個文明的整體來作研究。

圖3-2　考古研究所安陽工作站

作為都市的殷墟

　　小屯殷墟是在今日河南安陽市西北約三公里餘，在洹水南岸。它是商朝後期的首都，這是有文獻記載的。秦漢之際（公元前 3 世紀末），大家還知道這裏是 "洹水南殷墟"（《史記‧項羽本紀》）。關於都城的年代，雖有各種不同的說法，一般認為是盤庚遷殷一直到紂王被周所滅，共 273 年，都在這裏建都。它的絕對年代，一般採用約公元前 1300 年—前 1027 年的說法，但是也有提早數十年到一百來年的可能[9]。

　　根據考古發掘結果，我們知道遠在公元前第二個千年後期小屯殷墟已是一個都市規模的城市。這裏的中心區有幾片夯土地基，其中較大的一座是三十年代發掘的 A 區 4 號房子，寬 8 米，長近 30 米。根據遺跡，這房子大致可以復原（圖 3-3）。小屯及其附近，還有鑄銅、製陶、製玉石器、製骨等手工業作坊。當時手工業不僅已經和農業分工，並且已經相當發達，集中於城市內。中心區也有祭殉坑，當為房屋奠基及祭祀鬼神時的犧牲品。

9　關於安陽殷墟的年代問題，參閱陳夢家：《殷墟卜辭綜述》，1956 年，科學出版社，
　　211 頁。
　　〔編者注〕今多採用公元前 1300 年—前 1046 年。

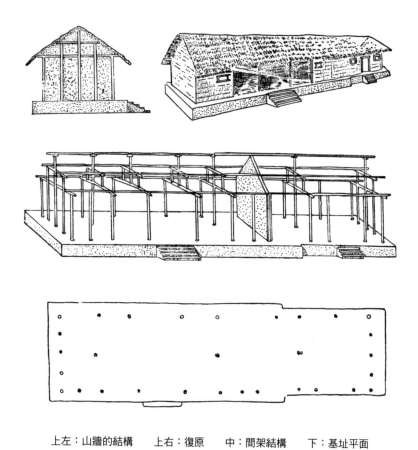

上左：山牆的結構　　上右：復原　　中：間架結構　　下：基址平面

圖 3-3　安陽殷墟甲四基址復原設想圖

占卜是一種宗教活動，甲骨片刻辭後貯藏在坑穴中，有點像後世的檔案處。在小屯沒有發現城牆。工作站曾經有意地作了調查和試掘，仍是沒有找到。只是在小屯村西約 200 米的地方，發現南北向的一條殷代灰溝，已探出的部分達 750 米。溝寬 7–21 米、深 5–10 米。發掘者推測它可能是王室周圍的防禦設施，這還有待於繼續探測。如果這個推測將來被證明是正確的，如果這條灰溝向南延伸後轉而東行直達洹水，那麼，小屯就不需要築城垣了。它的北邊和東邊已有天然的洹水河道作為防禦之用。

　　最引人注意的是離小屯約二公里半的西北崗帝王陵墓的墓地。西北崗在洹水北岸的武官村的西北。當時我們的發掘團住在侯家莊，所以叫它為"侯家莊西北崗"，實際上它是在侯家莊的東北。這墓地有"亞"字形大墓八座，其中最大的 1217 號墓，墓室面積 330 平方米，加上四個墓道，總面積達 1800 平方米。深度在 15 米以上。各墓的墓中和附近埋有殉葬的人，少則數十，多的可達一二百人。殷墟西區近年來發現了一千多座小墓，一般長度只 2–4 米、寬 0.8–1.2 米、深 2–3 米。它們的規模比起大墓來，相差很大。隨葬物豐儉則相差更大 [10]。這些可以看出當時社會中階級和等級的分化程度，和當時的埋葬的習俗（圖 3-4）。

10　參閱《1969–1977 年殷墟西區墓葬發掘報告》，《考古學報》1979 年 1 期。

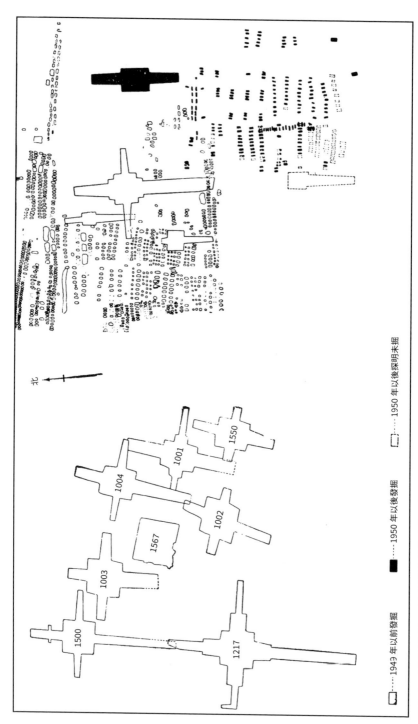

圖 3-4　安陽侯家莊、武官村殷代墓葬分佈示意圖

□‥‥1949 年以前發掘　　■‥‥1950 年以後發掘　　▢‥‥1950 年以後探明未掘

商殷時代的文字制度

　　一個文明的重要標誌之一，便是有了文字制度。商文明的遺物中，在陶器、玉石、甲骨的上面，都曾發現過文字。尤其是刻字甲骨出土最多，已發現的達十六萬片以上。1971 年我們在小屯西地發現一堆完整的卜骨，其中有字的十六片（圖 3-5），無字的五片；1973 年在小屯南地又發現有字的大小碎片達四千八百

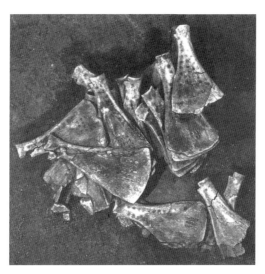

圖 3-5　小屯西地甲骨出土情形

餘片。商代的文字制度,是用漢代所謂"六書"的方法,以記錄語言。許慎《說文解字‧敍》中說六書是指事、象形、形聲、會意、轉注、假借。這實際上是指象形、象意(包括象事)和象聲,而以象形為基礎。象形的字,如畫一圓圈以代表太陽,畫一個半圓以代表月亮,比較容易明白。象意的字,或用兩個或更多的象形字合為一字使人領會意思,像許慎所說的"止戈為武","人言為信"(會意),或用幾個不成字的點劃以表示意思,如許慎所舉的上、下二字(指事)。象聲的字是用同音的象形字以代表無法象形或象意的抽象概念或"虛字"(假借),或於同音的象形字之外,又加一表示含義的象形字(後世稱為"部首"),合成一字(形聲)。這樣使用不同的部首,便可使同音而異義的字區別開來,不致混淆。至於"轉注"到底指甚麼,二千年來各種說法紛紜,我們暫時可以不必去管它。我是學過埃及象形文字(hieragraph)的。古代埃及人的文字制度也不外於象形、象意、象聲而已。它也是以象形為基本,以形聲字為最多。古埃及語是多音節語言,所以每字長短不一,不像單音節的漢語,所用以記音的文字是方塊字。這和拼音文字完全依靠象聲這一方法,很是不同。漢字到今天雖然字體有了變化,字形已改變得不再像原來的物形了,但是它基本上還是沿用商代文字制度。所以甲骨文字只要能改用楷書字體來寫,其中大多數仍是可以認識的。不過,甲骨文仍保留一些原始性:例如同一個象形字,寫法可以稍有不同。同一形聲的字，可以用意義相近的不同的偏旁。假借的字較多，只有一部分加上偏旁成為形聲字。這些不統一的現象是象形文字演化過程中不可避免的，但是商代文字已經成熟到足以記錄語言，不能再當作只是一些符號而已。甲骨文已能記錄史事，包括帝王及臣僚的名字，戰爭、祭祀和狩獵等的事跡，史事發生的月日和地點。這表示小屯殷墟文化已進入歷史時期，不僅只是有文字而已。為了創造文字制度，象聲方法的採用是一個突破點，否則所寫

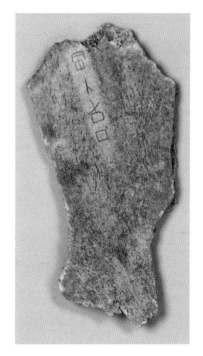

圖 3-6　甲骨卜辭

的仍是符號和圖畫，不是文字。試想如果我們只用象形和象意（包括象事）的方法，那麼，不僅是“之、乎、者、也”等虛字無法表示，便是那些在理論上有可能用象形或象意的方法表達的，實際上也是辦不到的。例如甲骨文以一劃表示一，一直到用四劃表示四；但是十千為萬的“萬”字，我想誰也不肯寫上一萬道的筆畫來表示它的。這便需要用同音的字來表達。

延伸閱讀

● 許慎

許慎，東漢人，《後漢書‧儒林傳》有傳，曾任太尉南閣祭酒、汶縣之長。以所著《說文解字》十四卷而著稱。此書為研究漢字的基本資料，以小篆即中國古代傳統的文字為基礎，將 9353 字按部首分為 540 類，並說明其形和義。每字之下，有時也兼錄籀文和古文。《說文》序中所說的六書乃漢字構造法的六個原則。其大意，在本書中著者已作了說明。其中較為難於解釋的為"轉注"一類。許書序中說："建類一首，同意相受，考老是也"。解釋多家，諸說紛紜，迄今尚無定論。

插圖 18 《說文解字》書影

已經發達的青銅器鑄造技術

有人以為青銅器是文明的各種重要因素中最重要的一項。這種說法似乎並不正確。古今中外許多已掌握冶煉青銅甚至於煉鐵技術的民族，仍是"野蠻"民族，不算是"文明"民族。但是我們可以說，最能代表商文明高度水平的是它的發達的冶鑄青銅的技術。商代青銅器包括禮器（舉行儀禮時用的酒器、食器等容器）、樂器（鐸、鈴）、武器和工具、車馬器。其中形狀奇偉、花紋瑰麗的禮器，一般認為是上古文明世界中技術方面最突出的成就之一。從前有人以為這一類的青銅器只能使用失蠟法才可鑄成。失蠟法是用一種易於塑刻又易於熔化的蜂蠟一類的材料做成模子，刻上花紋，然後塗抹上幾層細泥和粗泥，留出灌銅口和出氣口，最後用火燒烤厚壁的泥範使蠟熔化流出。使用時把青銅熔液灌進範內的空隙，凝固後打碎泥範，取出成品，再加修整。近三十年來我們在安陽小屯及其附近不斷地發現陶範碎片。最近幾年我們又做了模擬試驗，知道商代鑄青銅器是用複合範（圖 3-7、3-8），不用失蠟法。這和西方各文明（包括印度河文明）很早便採用失蠟法，似乎代表不同的傳統。中國最早用失蠟法的實物是屬於春秋時代，例如近年發現的河南淅川下寺楚墓的銅禁（放置酒器

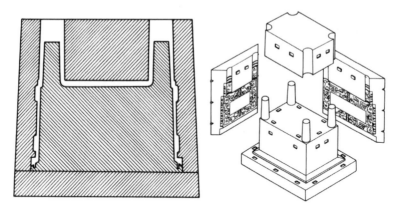

圖 3-7　司母戊鼎的鑄造及外模與內模的配置

圖 3-8　爵外範

的小方桌）和隨縣曾侯乙墓的尊和盤。

　　安陽婦好墓出土的四百多件銅容器，其中許多是器形整齊、花紋清晰的佳品，有的器形奇偉，如鴞尊（圖 3-9），有的還是前所未見的，如三聯甗和偶方彝（圖 3-10、3-11）。至於那件通高達 80 餘厘米、重達百餘公斤的方鼎（圖 3-12）則以凝重莊嚴見勝。

圖 3-9　婦好鴞尊

在湖北崇陽，還發現一件商代銅鼓（圖 3-13）。冶鑄青銅技術的發明和廣泛採用是有其重要的意義的。首先，青銅的原料銅和錫不像石器時代那些製造石器的石料，並不是到處都有，

圖 3-10　婦好三連甗

圖 3-11　婦好偶方彝

圖 3-12 司母辛方鼎

圖 3-13 湖北崇陽銅鼓

可以就地取材。其次，銅和錫都是礦物，其中自然銅的產地很稀少，一般銅礦和錫礦都要經過提煉才能提出金屬的銅和錫。這不像石料那樣可以利用天然物如礫石、頁岩、板岩等，不必經過化學方法來提煉。金屬提煉出來後，還需要翻鑄，才能鑄造出可用的青銅器來。這些是意味着要有一批掌握冶金技術的熟練工匠，又要一定的貿易活動和保證交通路線的暢通，才能解決原料和產品的運輸問題。這又需要社會組織和政府組織上一定的改革，以適應新的經濟情況，包括生產力的發展。

關於金屬冶煉方面，又有一個商代用鐵的問題。最近十多年來，在河北省藁城和北京市平谷縣劉家河都曾發現過鐵刃銅柄鉞一件（圖 3-14）。年代可能比安陽殷墟文化第一期早，或可早到鄭州二里崗上層文化。但是經過分析，這二件

圖 3-14　藁城鐵刃銅鉞

都是由隕鐵鍛造而成，所以並不能作為殷代已能冶煉鐵的證據。現已發現的中國最早用冶煉的鐵製成的器物，是在春秋晚期（公元前 5、6 世紀之交）。

殷墟文化獨有的特點

除了上述三個文明的普遍性特點以外，殷墟文化還有它的一些自己獨有特點，但是這些不能作為一般文明的必須具備的標誌。殷代玉石的雕刻，尤其是玉器，便是這些特點之一。別的古代文明中，除了中美洲文明之外，都沒有玉器，但是它們仍夠得上稱為文明。

婦好墓中出土玉石器七百五十餘件，其中絕大多數是玉器（圖 3-15、3-16、3-17、3-18、3-19）。這是迄今發掘出來的數量最大的一批玉器，而且品種眾多，雕刻也很精美，有許多實

圖 3-15 婦好墓出土玉龍

圖 3-16 婦好墓出土玉人

圖 3-17　婦好墓出土玉簋

圖 3-18　婦好墓出土玉象

圖 3-19　婦好墓出土玉鳳

圖 3-20　婦好墓出土象牙杯

在超過了從前的傳世品和發掘品。它們在製作技術上，已有熟練的操作水平，而造型和花紋方面，許多都是頭等的美術品。這些花紋和殷墟銅器的花紋，有很多的共同點，都是殷墟藝術的重要的表現。殷墟又出土了許多骨雕和象牙雕刻，它們的花紋也是和殷墟銅器上的相類似。婦好墓出土的一對鑲嵌綠松石的象牙杯（圖 3-20），便是這一類中的特出的精品，是前所未見的。

使用馬駕的車子，是殷墟文明的另一個特點，但是這也不能算是一切文明都必具的標誌。中美洲文明和秘魯文明中，在歐洲人於 15 世紀末侵入新大陸以前，始終沒有馬匹，也沒有車子，當然沒有駕馬的車子。埃及的馬車是希克索人於公元前 17 世紀左右由亞洲入侵時引進的，這時離尼羅河文明的開始已是一千多年了。三十年代在安陽曾發現過幾座殷墟文化時期的車馬坑。1947 年，安陽發掘的老將石璋如先生說：“〔車子的〕木質均已腐朽，僅餘不相連續的銅飾。各種裝飾品的部位，也非絕對正確。所以精確的結構如何很難復原。”[11]1935 年我在安陽工作時也曾親手發掘過一座車馬坑，頗有同感。但是 1950 年在輝縣琉璃閣發掘到戰國時代的一座大型車馬坑。我親自動手和熟練發掘工人一起探索，終於搞清楚了車子的木質結構，復原了車子的原狀

11　見《中國考古學報》，第 2 冊，1947 年，17 頁。參閱下注。

（圖 3-21）。後來在安陽又發掘過 8 、9 座車馬坑。發掘是採用輝
縣車馬坑的發掘方法，大多數都可以大致復原[12]（圖 3-22、3-23、
3-24）。

　　殷墟文明的另一特點是製陶業的發展。這主要表現在灰陶
佔絕對優勢（佔所採集的陶片的 90%），它替代紅、褐、黑陶而
成為主要陶系。這發展的另一表現是刻紋白陶的出現和原始瓷
（Proto-porcelain，即加釉硬陶）的燒造。最後一項當為南方長江

圖 3-21　輝縣琉璃閣戰國車馬坑

12　〔作者補注〕楊寶成：《殷代車子的發現與復原》，《考古》1984 年 6 期，546−555 頁。

圖 3-22 孝民屯之車馬坑一　　　　圖 3-23 孝民屯之車馬坑二

圖 3-24 安陽郭家莊殷代車馬坑

下游地區的發明，然後傳到安陽來而成為小屯陶器羣的一個組成部分。淺灰色的細泥灰陶，顏色均勻，表示陶工控制陶窯中還原氣氛的技術更加完善。原始瓷後來在長江下游地區逐漸改善，終於在漢末出現了瓷器，成為中國文明的特點之一。

總之，現下我們可以確定商代殷墟文化實在是一個燦爛的文明，具有都市、文字和青銅器三個要素，並且它又是一個燦爛的中國文明。中國文明有它的個性、特殊風格和特徵。在上述三個要素方面，它都自具有中國色彩的特殊性。在其他方面，例如玉石雕刻、駕馬的車子、刻紋白陶和原始瓷、甲骨占卜也自有特色。殷墟的藝術也自成一風格。中國文明各時代都有變化，每時代各具有一定的特點，但仍維持中國文明的共同的特點。

1949 年以前，有人認為殷墟文化便是中國文明的開始。也有人推測在這以前中國文明還有一個更古的、更原始的階段；但是，由於沒有證據，這只好作為一種推測而已。1949 年後三十多年的考古發掘工作，使我們對於中國文明的起源問題的研究，可以從殷墟文化向上追溯。第一步是追溯到鄭州二里崗文化。

鄭州二里崗文化

鄭州二里崗遺址是 1951 年發現的。當時我們考古所的河南省調查發掘團到了鄭州，當地一位對歷史和考古有興趣的小學教師韓維周，在二里崗一帶採集了一些陶片、石器和卜骨，他把它當作新石器時代遺址。他把採集到的標本給我們看，並且引我們去觀察一些已露出的文化層。我們認為這不是新石器時代的，它的遺物近於安陽殷墟的，很可注意。

1952 年，第一屆考古工作人員訓練班便拿這個遺址作為實習地點，證實了二里崗文化的重要性 —— 它是早於安陽小屯的商殷文化。後來河南省的考古隊同志為了配合基建，在這裏做了多年的考古工作，現已基本上搞清楚二里崗文化的大致面貌。

二里崗文化的時代，根據層位關係，可以確定為早於小屯殷墟文化。至於絕對年代，根據幾個碳 -14 測定，是約公元前 1600 年—前 1500 年（年輪校正過），誤差約為百五十年。這便是說，它的年代有 68% 的可能是在公元前 1750 年—前 1350 年的範圍以內，相對年代要較小屯殷墟文化為早。它的分佈地區，以鄭州二里崗為中心，根據已知道的材料，北達河北藁城，南抵湖北黃

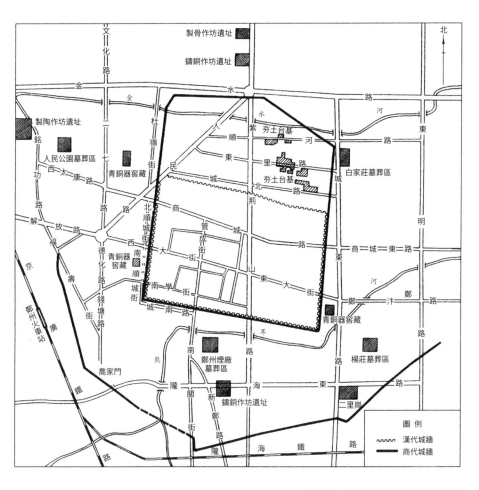

圖 3-25　鄭州商代城址平面示意圖

陂,西到陝西華縣,東至山東益都,近年來都發現過二里崗文化
的遺跡。

我們就上述的文明的三個主要標誌而言,二里崗文化都已具
備了。它在鄭州的商城,有夯土城垣。城的周長 7 公里,城內總
面積約 25 平方公里,城內東北部發現有大片夯土台基,當為宮
殿遺跡。城外近郊有幾處手工業作坊遺址,包括鑄銅、製骨、燒
陶等手工業(圖 3-25)。黃陂盤龍城也有夯土城牆,周長雖只 1.1
公里,但城內也有保存較好的宮殿遺址。其次,二里崗文化已有
文字制度。這裏曾發現過三件有字的骨,其中二件各只有一字,
其餘一件有 10 個字,似為練習刻字而刻的,是在翻動的地面上
找到的。二里崗文化的陶器和陶片上也有劃刻記號的,但是那不
是文字,只是符號。古今有文字制度的各民族常在器物(包括陶
器)上面用符號為記,當然他們也
可以在陶器上刻畫文字,但是我們
就《鄭州二里崗》這本報告中所發表
的資料而言,這批陶片上刻畫的似
乎都是符號,不是文字。再其次,
關於鑄造青銅器,二里崗文化已有
單範或雙合範的武器和工具,還有
複合範的容器,其中有鄭州杜嶺街
出土的二件大型方鼎(圖 3-26)。除

圖 3-26 鄭州杜嶺街出土方鼎

了上述三點以外，器物方面，它的陶器自成一組，但是可以與小屯殷墟的排入一個系列。青銅器也是這樣。花紋方面，銅器、陶器和玉器上的花紋，顯然是商代藝術的風格，但較為簡單。占卜等宗教活動，帶有中國特點，所以二里崗文化夠得上稱為文明，是屬於中國文明中的商文明。

偃師二里頭文化

　　我們還可以從二里崗文化向上追溯到偃師二里頭文化。二里頭遺址在河南偃師縣西南 9 公里處，這是 1957 年發現的。1959 年夏天，我們考古研究所徐旭生老先生，作河南省西部 "夏代廢墟" 的調查時，到這裏進行考察，指出這裏可能是商湯的都城西亳。這年秋季起，考古所派遣發掘隊前往工作。這二十多年做了十幾次的發掘，到現在仍未停，不過現下正將一部分力量放在編寫正式報告上。這項工作，在考古學方面取得了很大的收穫（圖 3-27 、 3-28 、 3-29 ）。

圖 3-27　二里頭遺址出土的石璋

圖 3-28　二里頭遺址出土的石鉞

圖 3-29　二里頭遺址出土的石戈

　　二里頭文化現已可確定比鄭州二里崗文化更早。根據層位關係，我們已搞清楚：它壓在河南龍山文化層之上，而又被二里崗文化所壓住。它的絕對年代根據碳 -14 測定，其範圍約相當於公元前 1900 年—前 1500 年。它可分早（1−2 期）、晚（3−4 期）兩期。它的分佈範圍，據已知的材料，集中於河南省西部和山西省西南部。它西達陝西華縣，北達山西襄汾地區，但是南面和東面，似乎都沒有超越今日的河南省境。

　　二里頭文化，至少它的晚期，是已達到了文明的階段。第一，在二里頭遺址本身，便發現過二里頭文化晚期的宮殿遺跡。已發掘出來的一座，它的台基近正方形，每邊各約百米，總面積達 1 萬平方米左右。宮殿的基座略高出於台基，呈長方形，東西長 36 米、南北寬 25 米（圖 3-30）。建築物的規模是面闊八間，

圖 3-30　二里頭一號宮殿復原設想圖

進深三間。四周有挑簷柱，屋頂可能是四坡出簷式。宮殿區以外，還有製陶、鑄銅等手工業作坊。第二，它似乎已有文字制度。發掘物中有刻畫記號的陶片，都屬於晚期。記號已發現的共有24種，有的類似殷墟甲骨文字，但是都是單個孤立，

圖 3-31　二里頭遺址出土的乳釘紋爵

用意不清楚。這還有待於進一步的探討。第三，冶鑄青銅器，這裏不僅有工具和武器，並且也有爵杯這種小件容器（圖 3-31）。此外，陶器具有一套有一定特色的陶器羣。其中如觚、爵、盉等專用酒器也在墓中開始普遍出現。玉器中有的器形和花紋，已是殷墟玉器的祖型。總之，二里頭文化同較晚的文化相比較，是直接與二里崗文化，間接與小屯殷代文化，都有前後承繼的關係。所以，我們認為至少它的晚期是夠得上稱為文明，而又有中國文明的一些特徵。它如果不是中國文明的開始，也是接近於開始點了。比二里頭更早的各文化，似乎都是屬於中國的史前時期。最近發現的甘肅馬家窰文化、馬廠文化和山東龍山文化的小件青銅器，如小刀和錐，如果被證實，也只能說它是青銅冶煉的開始，與二里頭青銅容器的鑄造水平是不能比較的。

　　至於二里頭文化與中國歷史上的夏朝和商朝的關係，我們可以說，二里頭文化的晚期是相當於歷史傳說中的夏末商初，但是夏朝屬於傳說中的一個比商朝為早的朝代，這是屬於歷史（狹義）的範疇。在考古學的範疇內，我們還沒有發現確切證據把這裏的遺跡、遺物和傳說中的夏朝、夏民族或夏文化連接起來。我們知道，中國姓夏的人相傳都是夏朝皇族的子孫。我雖然姓夏，也很關心夏文化問題，但是作為一個保守的考古工作者，我認為夏文化的探索，仍是一個尚未解決的問題。[13]

13　〔作者補注〕關於夏王朝探索問題，《文物》1983 年 3 期上發表了河南省登封縣王城崗（或謂望城崗）遺址調查簡報。曾引起中日兩國報界與新聞雜誌界的關注和熱烈的討論。那是一處河南龍山文化晚期的居住遺址。遺址周圍有縱橫各不到 100 米的輕夯過的填土的溝，將遺址圍繞起來。溝深 2 米多。發掘者認為：此溝當為城牆的基槽，此城當為夏都陽城。1983 年 5 月間，中國考古學會第四次年會在鄭州開會之際，我們參觀了王城崗的發掘現場。通過參加大會者的討論，多數人認為這個問題暫緩下結論為宜。關於夏王朝的時代及夏文化的確定這一重要課題，要有待於今後更多、更明確的新的證據的發現和深入的研究。

〔又補記〕1983 年發現和試掘的偃師尸鄉溝商城，有夯土城牆和宮殿遺址，可能是湯都西亳。見本書第一章注 30、注 31。

〔本書增注〕河南省文物研究所、中國歷史博物館考古部：《登封王城與陽城》，文物出版社，1992 年。後來該遺址又有新的發掘，並有重要發現。

文明的起源與新石器文化

　　有人以為"文明"這一名稱，也可以用低標準來衡量，把文明的起源放在新石器時代中。不管怎樣，文明是由"野蠻"的新石器時代的人創造出來的，現今考古學文獻中，多使用"新石器革命"（Neolithic Revolution）一名詞來指人類發明農業和畜牧業而控制了食物的生產這一過程。經過了這個"革命"，人類不再像舊石器或中石器時代的人那樣，以漁獵採集經濟為主，靠天吃飯。這是人類經濟生活中一次大的躍進，而為後來的文明的誕生創造了條件。

　　中國新石器時代遺址，這三十多年新發現而已發表的，有七千餘處，經正式發掘的也在百處以上。這些遺址，散佈在全國。由於碳 -14 測定年代法的採用，使不同地區的各種新石器文化有了時間關係的框架，使中國新石器時代考古學有了確切年代序列而進入了一個新時代。

　　最引人注意的是七十年代後半所發現的早期新石器文化，即中原地區的磁山 / 裴李崗文化，年代約在公元前 6000 年—前 5700 年（校正過，以下同）。當時人民主要農作物是粟類，已知馴養豬、狗，住宅是半地穴式，屋旁還有儲糧的窖穴。陶器較為原始，都是手製的，陶質粗糙，火候不高。石器有帶齒石鐮、磨盤和磨棒。這種文化還有它的淵源。如能找到更早的新石器文化，或可解決中國農業、畜牧業和製陶業的起源問題（圖 1-1、1-2、1-4、1-5）。

五十年代發現和發掘的半坡遺址，現今成為仰韶文化早期的代表，現已建立現場博物館。它以精美的彩陶聞名於世（圖 3-32），但是我們現在把它作為一座當時村落遺址來研究，想搞清楚他們的住宅的結構和佈局，手工業、墓葬制度和墓地的位置，生產工具和經濟生活、社會組織等各方面。半坡文化年代約為公元前 5000 年—前 4500 年。彩陶的美術圖案，反映了當時的審美觀念。彩陶在中原地區後來到了龍山文化時期便衰退了，但是在黃河上游的甘肅、青海地區，反而更為發展了。那裏的馬家窯文化（圖 1-7、1-8、1-9）和半山—馬廠文化，都有圖案華麗的彩陶。年代則前者為約公元前 3000 年，後者為公元前 2500 年—前 2000 年。1974-1980 年，我們在青海樂都柳灣墓地發掘了一千七百餘座以半山—馬廠文化為主的墓葬，隨葬陶器達一萬餘件，其中彩陶壺、

圖 3-32　半坡遺址出土的仰韶文化彩陶盆

罐便有七八千件（圖 3-33）。
以 564 號墓為例，出土陶器
便達 91 件之多，彩陶佔 81
件，其中有 73 件為彩陶壺
（圖 1-10）。

長江流域最近有許多重
要發現，其中最重要的是浙
江餘姚河姆渡文化的發現。
它的年代與北方黃河流域的
仰韶文化早期（半坡）同時，

圖 3-33　青海樂都柳灣墓地第 895 號墓

或許開始稍早。當時這一帶氣候比較溫暖潮濕，居住點的周圍環
境是分佈有大小湖沼的草原灌木地帶。河姆渡文化的房子是木結
構。主要農作物是水稻。這是中日兩國人民的主要糧食（水稻）
的最早的實物標本（圖 1-12），年代在公元前五千年左右。家畜
有狗、豬，可能還有水牛。石器有斧和錛。還發現有木質和角質
的柄以及骨耜等。因為這裏的文化層已在潛水面以下，所以像日
本彌生時代的登呂遺址一樣，有許多木器如船槳、耜、碗、筒等
保存下來。陶器製作比較原始，都是手製的。胎壁粗厚，造型不
整齊。表面多平素，但是也有刻劃花紋的（圖 1-14、1-15）。從
前我們認為良渚文化（約公元前 3300 年—前 2300 年）是我們所
知道的長江下游最早的新石器文化，並且認為良渚文化是龍山文

化向南傳播後的較晚的一個變種。實則這裏是中國早期文化發展的另一個文化中心，有它自己獨立發展的過程。此外，廟底溝二期文化的發現，證實了仰韶到河南龍山文化的過渡期的存在，糾正了前人以為二者曾同時存在、東西對立的看法。

山東地區的新石器文化，從前我們只知道有龍山文化，以光亮的黑陶著名，1959 年發現了大汶口墓地，以另具一種風格的彩陶而著名。這種大汶口文化後來被證明較龍山文化為早，而分佈範圍大致相同。六十年代至七十年代，我們又發掘滕縣北辛莊和平度縣東岳石。前者比大汶口文化更早，碳 -14 年代約公元前 5300 年—前 4300 年。後者卻填補了山東龍山文化和商文化之間的空隙，現稱為岳石文化，年代約為公元前 1900 年—前 1500年。岳石文化中已出現青銅小件器物，陶器上印壓有雲雷紋和變體夔紋。這樣看起來，山東地區史前文化的發展自有演化的序列（圖 3-34），與中原地區的和長江下游地區的，各不相同。黃河中下游是有東、西相對的兩個文化圈，不過與仰韶文化相對的是大汶口文化，而不是山東龍山文化。

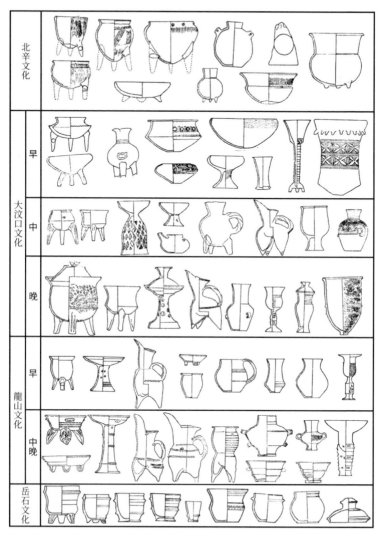

圖 3-34　山東史前各文化發展階段典型器物示意圖

中國文明是否係獨立地發展起來的

　　上面所說的以外，在其他地區還有別的新石器文化，例如湖北省的屈家嶺文化等 [14]，今天不談了。關於各個文化中類型劃分、早晚分期以及各個文化之間的互相影響等問題，今天也不談了。我只談那些與中國文明起源問題關係最密切的史前文化，這主要是上述三個地區中的晚期新石器文化。偃師二里頭文化就其文化內容和所在地點而言，顯然是從晚期河南龍山文化發展過來的，但可能又吸收了其他地區一些文化中某些元素，例如山東晚期龍山文化（陶器某些類型、銅器），晚期大汶口文化（陶器上刻劃符號，可能還有銅器），江浙地區的良渚文化（玉璧、玉琮等玉器），西北地區的"甘肅仰韶文化"（陶器上刻劃符號，銅器）等。

　　我以為中國文明的產生，主要是由於自身的發展，但這並不排斥在發展過程中有時可能加上一些外來的影響。這些外來的影響不限於今天的中國境內各地區，還可能有來自國外的。但是根據上面所講的，我們根據考古學上的證據，中國雖然並不是完全

14　〔作者補注〕參閱中國科學院考古研究所：《京山屈家嶺》，科學出版社，1965 年；《新中國的考古發現和研究》，文物出版社，1984 年，130−135 頁。

同外界隔離，但是中國文明還是在中國土地上土生土長的。中國文明有它的個性，它的特殊風格和特徵。中國新石器時代主要文化中已具有一些帶中國特色的文化因素。中國文明的形成過程是在這些因素的基礎上發展的。但是文明的誕生是一種質變，一種飛躍，所以有人稱它為在"新石器革命"之後的"都市革命"（Urban Revolution）。當然，中國文明的起源問題還有許多地方仍不清楚，有待於進一層的探討。

延伸閱讀

● 屈家嶺文化

屈家嶺文化是集中分佈於湖北省江漢平原的一種地方性的新石器文化。以京山縣屈家嶺遺址為代表。還有京山縣朱家嘴、天門縣石家河、鄖縣青龍泉、房縣七里河等遺址。已經耕種水稻並飼養豬、狗等家畜。這一文化分為三期。早期以黑陶為主，在薄胎的黑陶上施以朱色彩繪，等等。陶器中有罐形的鼎和高腳的豆。中期以灰陶為主，黑陶次之，也有薄胎的彩陶。石器有柱狀石斧、石錛，為數很多；也發現有有孔石鏟、有段石斧、石刀、石鐮，等等。房子是建在紅燒土的土台上的，也是很有特色的。晚期，則出現了鬹、盉等陶器。屈家嶺文化較仰韶文化為晚，而較龍山文化為早。它既具有濃厚的地方特色，同時也承受了仰韶文化的影響。

中國考古、發掘簡略年表

1949 年	10 月	中華人民共和國中央人民政府成立。在政務院設文化部，下設文物局，負責管理全國文物、博物館、圖書館事業。鄭振鐸任局長。
1950 年	1 月	《文物參考資料》創刊（1959 年改稱《文物》）。
	5 月	中國科學院考古研究所籌備成立（8 月 1 日成立）。鄭振鐸兼任所長，梁思永、夏鼐為副所長。
	10 月	中國科學院考古研究所成立後，派出第一次發掘工作團，夏鼐任團長，在河南輝縣琉璃閣等地進行考古發掘。發掘收穫編輯成《輝縣發掘報告》一書（1956 年出版）。
1951 年	4 月	敦煌文物研究所（1951 年成立）在北京歷史博物館舉辦"敦煌文物展覽"。
	10 月	中國科學院考古研究所派出發掘團赴長沙發掘戰國、兩漢墓葬，夏鼐任團長，1952 年春結束。發掘收穫編輯成《長沙發掘報告》一書（1957 年出版）。
	12 月	《中國考古學報》復刊（1936 年創刊，第一冊取名《田野考古報告》，1953 年第六冊起又改稱《考古學報》）。江蘇省淮安縣青蓮崗發現一處新石器時代遺址。甘肅省永靖縣發現炳靈寺石窟。

1952 年	8 月	第一屆考古工作人員訓練班開辦（中國科學院考古研究所、文化部文物局和北京大學聯合舉辦）。在洛陽東郊和鄭州二里崗進行調查發掘。在鄭州發現了殷代早期文化遺址。
	10 月	北京大學歷史系設置考古專業，培養考古工作的專門人才。
1953 年	8 月	第二屆考古工作人員訓練班開學。
1954 年	4 月	中國科學院考古研究所、北京大學、文化部文物局和洛陽地區文物部門共同組織工作隊，配合洛陽地區基本建設，在洛陽西郊進行有計劃的勘察工作，發現了漢河南縣城。同時，還對洛陽東郊的漢魏故城進行了調查。
	5 月	文化部在故宮午門城樓主辦"全國基本建設工程中出土文物展覽"。
	7 月	第三屆考古工作人員訓練班開學。
	9 月	西安半坡新石器時代遺址開始發掘。
1955 年	1 月	《考古通訊》創刊（1959 年後改稱《考古》）。
	2 月	考古研究所發掘陝西省長安縣灃河西岸的客省莊遺址，發現了文化面貌相當於龍山文化的"客省莊第二期文化"。
	3 月	雲南晉寧石寨山發掘一批西漢時期滇族王室貴族的墓葬。
	7 月	第四屆考古工作人員訓練班開學（此後未再續辦）。
	10 月	中國科學院、文化部聯合組成黃河水庫考古工作隊，夏鼐任隊長。赴三門峽水庫範圍進行普查。

1956 年	3 月	倡議建立半坡博物館。
	5 月	"五省出土重要文物展覽"在故宮博物院展出。北京昌平附近明萬曆皇帝的陵墓 —— 定陵發掘開始。
	9 月	發掘河南三門峽廟底溝遺址。
	秋	開始勘察發掘漢長安城遺址。
1957 年	3 月	西安唐長安城遺址勘察工作開始。
	4 月	應中國科學院院長郭沫若的邀請,由原田淑人率領的日本考古代表團來我國訪問。
1958 年	4 月	西安半坡博物館正式開放。
	10 月	"黃河水庫考古展覽"在故宮博物院正式開幕。
	12 月	發掘河南省鞏縣鐵生溝的冶鐵遺址。
		陝西省文管會勘查唐高宗和武則天的乾陵。
1959 年	3 月	浙江嘉興縣馬家浜發現一處新石器時代遺址。
	6 月	山東省泰安縣大汶口發掘一處新石器時代遺址。
	10 月	中國歷史博物館新館落成。
		新疆維吾爾自治區尼雅河地區遺址中,發現漢代的絲綢、織錦等。
	12 月	中國猿人第一個頭蓋骨發現三十周年紀念會在北京召開。
1960 年	4 月	赤峰夏家店遺址發現包括時代和文化性質不同的二種青銅器文化,分別被定名為夏家店下層文化和夏家店上層文化。
	8 月	發掘乾陵陪葬墓永泰公主墓,發現有精美的壁畫和三彩陶俑。

	10 月	河南偃師二里頭遺址勘探中發現大片夯土建築遺存。
	11 月	上海青浦縣崧澤遺址第一次試掘。
1961 年	12 月	《新中國的考古收穫》出版。
1962 年	2 月	陝西省文管會對臨潼縣秦始皇陵進行了調查。
	12 月	隋唐長安城基本勘察清楚，勘探工作告一段落。
1963 年	7 月	陝西藍田陳家窩村發現"藍田人"下顎骨化石。
	9 月	朝鮮歷史考古代表團訪問我國。
		敦煌莫高窟進行加固工程。
1964 年	3 月	中國考古學會籌備委員會成立，郭沫若任主任委員（1979 年 4 月學會正式成立）。
	5 月	山東省博物館勘察兩周時期齊國都城臨淄城址。
1965 年	1 月	南京人台山（象山）發掘東晉王氏墓羣中的王興之夫婦墓（至 1970 年止陸續又發掘五墓，共出土墓誌四方）。
	9 月	"中國古陶瓷和西安碑林拓本展覽"在日本東京開幕。
	10 月	湖北省博物館在江陵望山發掘三座大型楚墓，出土越王勾踐劍等大批重要文物。
	11 月	山西侯馬晉國都城遺址發現一千餘件朱書盟書。
1966 年	春	周口店北京猿人遺址發現一頭蓋骨斷片，與 1934 年發現的第五號北京人頭蓋骨斷片同屬一個個體。
1968 年	6 月	中國科學院考古研究所、河北省文物工作隊，配合基建工程，在河北省滿城發掘西漢中山靖王劉勝夫婦墓。
1969 年	10 月	甘肅武威縣雷台發現銅奔馬等大批東漢銅器。

1970 年	10 月	西安南郊何家村發現兩甕唐代金銀器、藥材等重要文物一千多件。
1971 年	1 月	隋唐東都洛陽宮城含嘉倉遺址（1969 年 12 月發現）進行鑽探發掘，發現糧窖二百五十九個。
	7 月	"無產階級文化大革命期間出土文物展覽" 在故宮博物院開幕。
		陝西省文管會發掘唐章懷太子和懿德太子墓，發現精美的壁畫和三彩俑。
1972 年	1 月	《考古學報》《文物》《考古》等三個雜誌復刊（1966 年停刊）。
	4 月	山東臨沂發掘二座西漢武帝時期的墓葬，出土《孫子兵法》《孫臏兵法》等竹簡四千九百餘枚。
	5 月	湖南省博物館發掘長沙馬王堆西漢墓（一號墓），發現保存完好的女屍。
	秋	甘肅省博物館在額濟納河流域居延地區，開始進行考古調查發掘工作，先後發現漢代木簡二萬多枚。
	8 月	內蒙古和林格爾發掘一座東漢壁畫墓，壁畫內容豐富，並有大量墨書題記。
		越南考古學代表團來我國訪問。
	9 月	夏鼐、王仲殊赴阿爾巴尼亞參加第一次伊利里亞人研究會議。
	11 月	北京琉璃河發掘一處商周時期遺址及墓葬，出土銅器中有 "匽侯" 銘文，經勘探發現附近有古代城址一座。

1973 年	4 月	夏鼐、王仲殊率領的中國考古小組訪問秘魯、墨西哥。
	5 月	"中華人民共和國出土文物展覽"（以下簡稱"中國文物展覽"）在法國巴黎開幕，以王冶秋為團長的代表團參加了開幕式。
	6 月	"中國文物展覽"在日本東京開幕，日本首相田中角榮出席了開幕式。
	9 月	周總理陪同法國總統蓬皮杜參觀大同雲岡石窟。
		"中國文物展覽"在英國倫敦開幕，英國首相希思出席開幕式並講話。
		吉林大學等七所高等學校歷史系設置考古專業或考古專門化。
	11 月	發掘馬王堆二、三號漢墓，發現大量帛書。
		浙江省文管會、博物館開始對河姆渡遺址進行第一次發掘。
		美國考古代表團來訪我國。
	12 月	中國科學院考古研究所在安陽殷墟小屯村南發掘卜甲、卜骨七千多片，其中有刻辭的四千八百多片，這是 1949 年以來發現有字甲骨最多的一次。
		"中國文物展覽"在羅馬尼亞布加勒斯特開幕。
1974 年	2 月	"中國文物展覽"在奧地利維也納開幕，奧地利總統弗約納斯主持開幕式。
	3 月	陝西省臨潼縣秦始皇陵東側五里處發現秦代大型陶俑坑。
	4 月	福建泉州灣後渚港發現一艘南宋末年遠洋貨船，船上有出產於南洋諸國的香料木和胡椒等。

	5 月	"中國文物展覽"在瑞典斯德哥爾摩開幕,瑞典國王卡爾十六世·古斯塔夫出席並講話。
	6 月	秘魯考古學者代表團來我國訪問。
	7 月	"中國文物展覽"在墨西哥墨西哥城開幕。墨西哥總統路易斯·埃切維里亞主持開幕式。
	8 月	"中國文物展覽"在加拿大多倫多開幕,以劉仰嶠為團長的代表團參加了開幕式。
	9 月	墨西哥考古代表團來我國訪問。
	11 月	河北省文管處在平山縣調查和發掘戰國時期中山國古城址和墓葬。
		朝鮮文物保護考察團來我國訪問。
	12 月	"中國文物展覽"在荷蘭阿姆斯特丹開幕。
		廣州發現秦漢時期造船工場遺址。
1975 年	2 月	"中國文物展覽"在比利時布魯塞爾開幕。
	3 月	湖北省博物館在江陵縣(春秋戰國時期楚都郢城內)進行大規模的勘探與發掘工作。
	4 月	新疆維吾爾自治區庫車縣庫木吐喇千佛洞防堤修建保護工程開始施工。
	5 月	美國古人類考察組來我國訪問。
	8 月	英國文物保護訪華小組來我國訪問。
		伊朗考古代表團來我國訪問。
	10 月	羅馬尼亞博物館考古小組來我國訪問。
		伊拉克考古代表團來我國訪問。

	12 月	"中國文物展覽" 在美國華盛頓開幕，以劉仰嶠為團長的代表團參加了開幕式。
		湖北雲夢秦漢古墓中出土一批秦始皇時代的法律竹簡，共一千一百餘枚。
1976 年	3 月	陝西省文博單位和北京大學、西北大學考古專業在陝西岐山、扶風周原遺址進行大規模考古發掘，發現西周時期宮殿遺址。
	4 月	浙江省文化局在杭州召開河姆渡第一期發掘工作座談會。
	7 月	考古研究所在河南安陽殷墟遺址發掘婦好墓，出土大批銅器及玉器等。
		緬甸考古代表團來我國訪問。
	9 月	"中國文物展覽" 在菲律賓馬尼拉開幕，菲律賓總統馬科斯和夫人出席了開幕式。
		菲律賓考古學與人類學代表團來我國訪問。
	12 月	陝西省扶風縣莊白發現一個西周時期的青銅器窖藏，共出青銅器一百零三件。其中牆盤一器，銘文 284 字，是 1949 年以後發現的字數最多的一件西周銅器。
1977 年	1 月	"中國文物展覽" 在澳大利亞墨爾本開幕，澳大利亞總理弗雷澤出席開幕式。
	3 月	山東省開始勘察曲阜魯城遺址。
	4 月	陝西周原遺址一個窖穴中出土甲骨一萬五千餘片，已發現有字的一百七十餘片。
	7 月	中國科學院考古研究所與中國歷史博物館聯合舉辦考古發掘展覽。

	10 月	"中國文物展覽"在日本名古屋開幕。
		以夏鼐為團長的中國考古代表團訪問伊朗,並參加伊朗考古學中心召開的伊朗考古學年會。
	11 月	國家文物局在河南登封召開告城遺址發掘現場會,就有關夏文化問題進行座談。
1978 年	1 月	國家文物局成立古文獻研究室。
	4 月	以夏鼐為團長的中國考古代表團訪問希臘。
		"中國文物展覽"在香港展出,港督麥理浩出席了開幕式。
	5 月	湖北省博物館在隨縣發掘戰國早期曾侯乙墓,出土大批珍貴文物。
		西藏自治區昌都卡若發掘一處新石器時代遺址。
	7 月	以宮川寅雄為團長的日本考古學者代表團來我國訪問。
1979 年	1 月	河北平山戰國中山王墓出土文物在故宮博物院展出。
	4 月	中國考古學會成立大會及考古學規劃會在西安召開。參加大會的代表一百多人。選出王冶秋、容庚、于省吾、徐中舒、商承祚、陳邦懷為名譽理事,夏鼐為理事長,裴文中、尹達、蘇秉琦為副理事長。
		國家文物局在陝西扶風召開周原建築遺址座談會。參加會議的有考古和古建築方面的專家和專業工作人員五十多人。
	5 月	德意志聯邦共和國考古代表團來我國訪問。
		夏鼐率領的代表團參加於紐約舉辦的中國青銅器討論會。

1980 年	3 月	在南寧召開古代銅鼓學術討論會，約 60 人參加。
	7 月	在福建省德化召開中國古外銷陶瓷研究會。
	11 月	中國考古學會第二次年會在武昌召開，討論關於楚文化問題。
		在秦始皇陵西側發掘銅車馬坑，出土銅車二輛。
1981 年	2 月	中國社會科學院考古研究所王仲殊等出席在日本召開的日中古代古墳討論會。
	5 月	《文物》出版三百期紀念號。
	9 月	第一次中國碳 -14 會在北京舉行。
	12 月	中國考古學會第三次年會在杭州召開，夏鼐、蘇秉琦等共 123 人參加了會議。
		夏鼐任考古研究所名譽所長、王仲殊任所長、安志敏任副所長。
1982 年	9 月	以夏鼐為團長的代表團出席在美國檀香山舉行的殷商文化討論會。
		北京猿人第一個頭蓋骨發現人、考古學家裴文中逝世。
	10 月	在廣東省新會縣召開中國古陶瓷研究會。
	11 月	人大常委會公佈《中華人民共和國文物保護法》。
1983 年	1 月	文化部成立國家文物委員會，夏鼐為主任委員。
	3 月	考古研究所名譽所長夏鼐，應日本廣播協會（NHK）邀請，訪問日本。講稿譯成日文，1984 年由 NHK 出版，書名《中國文明の起源》。
	4-5 月	河南偃師尸鄉溝發現並開始發掘一座早期商城，可能是西亳故城。

	5 月	中國考古學會第四次年會在河南鄭州召開，出席者計117 人，討論夏文化有關問題。
	7 月	考古研究所前所長尹達逝世。
	8 月	以中國為中心的亞洲地區考古學會會議，在北京和西安舉行。會上推選中國代表夏鼐為主席。日本學者樋口隆康、金關恕參加會議。
	8–9 月	北非和亞洲研究國際會議在日本東京和京都召開，中國代表安志敏等參加。
		發掘廣州市象崗山南越文王墓。
1984 年	5 月	《新中國的考古發現和研究》出版。
		《考古》出版二百期紀念號。

【本表參考《文物考古三十年》(1979 年)中的"文物考古工作三十年記事"和本書日文版(1984 年)中的"中國考古、發掘簡表"二文稍加增訂而成。】

附錄

夏鼐先生與中國考古學

樋口隆康

我第一次見到夏鼐先生是在 1957 年日本考古代表團訪華的時候。當時，他是中國科學院考古研究所的副所長。看上去四十歲左右的樣子，很年輕。他和另一位副所長尹達先生（1906-1983）共同協助鄭振鐸所長（1898-1958），接待了我們代表團的十名團員。他是中國方面負責處理一切招待事項的負責人，並且他能夠說英語（這在中國的考古學家中是難得的），因而從始至終我們都仰賴他來幫忙。

當時，中日兩國還沒有恢復邦交。我們訪問中國，因為沒有得到日本政府的許可，以致在中國停留期間，大學裏停發了工資。但是，中國方面則給予了熱情的接待，使我們去到了希望去的敦煌、成都等腹心地帶。當時接觸到的夏鼐同志，其溫和的品格，縈繞於我的腦海之中，永遠不會忘記。

夏鼐氏的英國留學

夏氏於 1910 年生於浙江溫州。1934 年,由清華大學畢業。畢業以後,他於當年考取了清華大學的留美公費生的考古學門。這是作為中國考古學界培養苗子,為了學習近代考古學的技術、理論和知識而派遣的。依照校中規定,出國前要在國內預備和實習一年。

次年春,他以實習生的身份參加了安陽殷墟西北崗大墓的發掘工作。安陽殷墟發掘,是前中央研究院歷史語言研究所於 1928 年開始的。當時的中國,還沒有正式的考古學這門學問,但由於發現了殷代的甲骨文字引起了人們的注意,從而認為有必要對其出土地的殷墟進行發掘。歷史語言研究所先派董作賓(1895-1963)前往調查和試掘,後來成立了考古組,由李濟(1896-1979)擔任主任,開始了殷墟的正式發掘。他們對於科學的發掘經驗不多,而是在不斷地產生錯誤並克服錯誤的過程中,逐漸地熟練了發掘方法。發掘了由夯土所構築的宮殿以及埋藏了大量犧牲和財寶的王墓。發掘一直繼續到 1937 年,由於抗日戰爭而中斷。但它不僅使長期埋藏於地下的殷帝國文明得以再現,並使中國考古學作為近代科學而成長起來。

夏鼐氏參加的,乃是其中最精彩的 1935 年的西北崗殷王墓羣的發掘工作。當時梁思永(1904-1954)為主任。廁身於石璋如、劉燿（尹達）等老手中間的新人夏鼐，雖只擔任了發掘小墓，但毫無疑問，他在這時學到了不少東西。

是年夏間，夏鼐在徵得學校同意後，改為出國到英國倫敦大學留學。當時的倫敦大學，是科學考古學的聖地。日本的濱田耕作（1881－1938）即是在倫敦大學從彼特里（W.F. Petrie， 1853－1942）教授學習，而將所學到的考古學研究法移植到了日本，最先在京都大學開了考古學講座。眾所周知，這已成了日本近代考古學的發祥地。

夏鼐氏留學的時候，彼特里教授已經退休，並定居於巴勒斯坦。倫敦大學田野考古學一門由 M ·惠勒（M. Wheeler， 1890－1976）先生接替他。這位惠勒教授後來曾擔任印度的考古局長官，領導了印度和巴基斯坦的考古學。惠勒式發掘方法見於其所著《田野考古學》（Archaeology From the Earth），這是一本蜚聲世界的書。惠勒所領導的梅頓堡（Maiden Castle）的發掘，夏鼐氏曾經參加過，是受到他親自指導的。

此外，夏鼐氏還參加英國的調查團，到了埃及，從事埃及的考古發掘工作。以後，他曾赴巴勒斯坦參加發掘，並親自向彼特里先生請教。夏鼐氏結束了在英國五年的留學生活之後，於1940 年底回國。他從彼特里教授受業這件事情的本身，足以使中國考古學和日本考古學結成了師兄弟的關係；又從他和惠勒教授受業這一點來說，和印度考古學也可以說是有兄弟關係的。

當他回國的時候，正處於中日戰爭期間，殷墟發掘中斷了。他暫時進了從南京內遷到四川南溪李莊的中央博物院籌備處。不久，進入了中央研究院。歸國後他從事的第一件工作即是和吳金鼎（1901-1948）、曾昭燏（1909-1964）、高去尋（1910-1991）一起去調查和發掘四川省彭山縣豆芽房和岩子山的崖墓。

1944 年至 1945 年，他和向達（1900-1966）負責進行了西北科學考察團甘肅地方的考古調查。他調查並發掘了敦煌的佛爺廟墓地、月牙泉墓地和玉門關，以及寧定縣的陽窪灣、民勤的沙井、武威的吐谷渾王族墓地等處。其中，對陽窪灣齊家文化墓葬的發掘，訂正了當時學術界鼎鼎大名的權威人士安特生（J.G. Anderson，1874-1960）關於仰韶文化分期的論點。安特生的論點是：甘肅的新石器時代文化分為六期，認為不伴隨彩陶的齊家文化，比有彩陶的仰韶文化為早，而將前者列為第一期，後者列為第二期。夏鼐氏在陽窪灣的發掘過程中，在齊家文化墓葬的填土中，發現並辨認出混入其中的相當於仰韶的半山式樣的彩陶碎片。這一事實，表示了填土中的彩陶片，當較墓葬的年代為早，夏鼐氏斷定齊家期應晚於仰韶期。根據發掘的層位關係修訂了傳統的學說，標誌着這是中國的史前考古學的新起點。

後來，他追懷往事說，在甘肅地方調查發掘期間，由於在荒漠中與世隔絕並熱衷於發掘工作，以致當時不知道二次大戰已經結束了。但是，1946 年，由於國民黨發動了內戰，戰火紛飛，考古活動不得已而停了下來。

考古研究所的誕生

1949 年，在解放大軍南下的同時，國民黨總統蔣介石逃往台灣。當時，故宮博物院的文物和中央研究院的文物都被遷往台灣。中國當時考古學中心的歷史語言研究所的考古學者當中，也分為隨渡台灣和留在大陸的兩部分。李濟、董作賓、石璋如、高去尋等隨同殷墟出土遺物渡往台灣；夏鼐氏和梁思永、尹達、郭寶鈞（1893-1971）等則留在大陸。

其年 10 月，中華人民共和國成立了，同時創建了中國科學院，由郭沫若（1892-1978）擔任院長。此外，還成立了文化部文物局，用以監督、管理文物及博物館事業，局長為鄭振鐸。

1950 年，在中國科學院中設立了考古研究所，鄭振鐸任所長。鄭氏一向是從事左翼文藝的活動家，並非專門的考古學者。副所長為梁思永。梁氏是清末民初有名的政治家、學者梁啟超的次子，在美國哈佛大學專攻考古學，是領導安陽後崗三層堆積的發掘和殷王陵墓的發掘並取得輝煌業績的著名考古學者。而第二副所長則為夏鼐氏。

新中國誕生以後，考古學上最先舉辦的一件事情，便是安陽發掘。安陽的殷墟，是科學發掘的發祥地，因而還是選擇了該處為起點。這次發掘，由於是在考古研究所正式成立之前舉行的，故而由有在安陽發掘經驗的郭寶鈞負責。

這次發掘所選定要掘的地點為武官村。這是因為在中日戰爭期間，在這裏發現了被稱為司母戊鼎[1]的大方鼎，而該"武官大墓"離發現大鼎處不遠，雖曾數度被盜掘，但隨葬品仍有殘留。發掘的結果，還發現埋了很多殉葬人及犧牲，認為應該是王墓。

作為考古研究所來說，其最初的工作是在河南省輝縣所進行的發掘。夏鼐氏是調查發掘團團長，郭寶鈞是副團長。從 1950 年 10 月至 1952 年間共發掘了三次。在這裏，發掘了戰國時代的大墓和車馬坑。尤其是在發掘車馬坑時，首次成功地搞清楚了木製的車箱和車輪的形狀。

據夏鼐氏說，當發掘車馬坑時，正是嚴冬季節，天氣酷寒。發掘坑裏每天早晨都是結冰的。在仔細地處理並溶化其凍結在遺構表面的冰層時，車輪和車箱的木灰部分往往難於保留下全形；必須特別注意填土和變成板灰的木質部分的土質和土色，而將變質了的木質混和泥土的鬆土與包圍其外的填土，區別開來。將其灰黑色而質地稍鬆的部分保留下來，而將其周圍的土剷除掉，車

---

1 〔編者注〕近年，司母戊鼎被改稱后母戊鼎。據了解，考古學界對此尚有不同意見，本書尊原著用名。

輪的形狀就顯現出來了。注意到這一點以後，發掘車子就容易得多了。現在，即便是年輕的研究人員也能夠發掘車坑了。

輝縣發掘還取得了另外一項重大的成果，那就是對殷文化年代及其地域分野，有了提前與擴展。以前所知道的殷代遺址只限於安陽，其時代則是殷代晚期的。但在輝縣也發現並發掘了殷代的墓葬和灰坑，並且該處所出土的青銅器與安陽所出者很不相同。

其後，考古工作者在河南鄭州的發掘工作中，發現了比安陽更早的殷代中期的都城，證明了輝縣所出殷代銅器和鄭州出土的青銅器是屬於同一時期的。

殷代遺址的調查，日益開展起來。在湖北省黃陂縣盤龍城發現了和鄭州相同的殷中期城址；並了解到殷代銅器的分佈範圍已擴展到了湖南省和江西省。

在河南省偃師縣二里頭發現了年代比鄭州更早的殷代早期遺址；在那裏發現並發掘了宮殿遺址，還出土了青銅器。

考古研究所還發掘了長沙的戰國墓，洛陽西郊的漢墓，半坡新石器時代遺址，三門峽水庫附近的遺址、墓葬，西安和洛陽兩處的漢唐故城遺跡，等等。

中國的考古學，不僅僅是致力於研究；在關於文物保護方面，也還是予以足夠的重視與採取相應的對策的。

在舊中國，重要的遺址遭到破壞，珍貴的文物流散國外，而當局毫無對策。新中國成立以後,立刻採取對策,頒佈了文物保護法令。

新中國成立後,全國各地開始了大規模的建設工程,隨之而來的是大量地發現了遺址、遺物。對於如此大量遺址、遺物出土情況的調查,與實物的保護、保存,僅僅依靠考古研究所是絕難勝任的。於是,考古研究所和文化部文物局與北京大學聯合起來,組織、舉辦了考古工作人員訓練班。從全國文物部門的青年當中,選其有志於考古事業者,集中於北京,進行三個月的短期訓練班,教以考古學基礎知識和發掘方法,包括參加田野工作實習。1952 年至 1955 年間,共舉辦了四屆訓練班,培訓了考古工作人員 340 人。他們被送回原單位,分散全國各地,以便就近處理古文物出土方面的事情。

稀見的淵博的考古學者夏鼐氏

考古研究所出色的考古學者梁思永副所長,由於長期臥病,日益惡化,於 1954 年逝世。當時由尹達和夏鼐兩位副所長協助鄭振鐸所長。1958 年,鄭所長由於飛機失事,不幸逝世,當時由歷史研究所副所長尹達兼任考古所所長。尹所長因為體弱多病,1962 年由夏鼐接任所長。其後,一直到 1982 年讓席於王仲殊氏為止,夏鼐氏擔任考古研究所所長歷二十年。

其間，雖然也經歷了"文化大革命"的考驗時期，而他之所以能保持了中國考古學界頂峰的地位，是由於他高尚的人品以及專心一致力求學問上的精進。他不僅對於國內考古學，而且對於國際上考古學方面的知識之淵博，涉獵範圍之廣泛，作為一個考古學者來講，也是無人可以與之匹敵的。

他研究的範圍，重點之一是西域考古學。考古工作者要研究西域，僅僅具備中國考古學的知識是不夠的，必須通曉西方的學問。例如，對於新疆所出絲織品以及中國國內出土的東羅馬金幣和薩珊朝銀幣的研究，我想，大約除他之外沒有人可以勝任的吧。

他對於考古科學寄予極大的關懷，將考古學與自然科學結合起來研究，在諸如年代測定、分析，古代環境復原等領域中，最近煥然一新，突飛猛進地出現了新的邊緣科學的研究。在考古研究所中，很早以前，即充實了碳-14等年代測定的設備。

夏鼐氏在任期間，中國的考古界中，不斷地出現了重大發現。西安半坡新石器時代村落、偃師二里頭商代早期宮殿、殷墟婦好墓、周原遺址、曾侯乙墓、中山王墓、江陵楚墓、秦始皇陵兵馬俑坑、長沙馬王堆、滿城漢墓、廣州南越文王墓、北京明代定陵，等等，簡直不勝枚舉。對上述諸多調查和發掘，夏鼐氏對於其中的大多數進行了有效的指導。在調查、發掘與保存等方面，力期萬全。

在中國，作為對文化遺物保存、管理的最高諮詢機關是在文化部下新設立的國家文物委員會。夏鼐任主任委員，與王仲殊等十名委員一起，提供關於遺跡、遺物的保存、保護工作的建議。

有一段時間裏，似乎有發掘唐代則天武后乾陵的計劃，後來之所以中止，即由於他們的關係。這是由於對於研究學術應采取嚴肅的態度，而力戒單純以貴重文物嘩眾取寵、大事宣傳的做法。

為了考古學者同行間的學術交流以及有助於學術研究，中國於 1979 年成立了全國考古學者聯合體的中國考古學會，夏鼐當選該會理事長。理事共選出 64 名。此外，還給台灣的同行留出了兩個理事席位。該會已經舉行了四次大會，每次都規定了主題，大家來交換意見，現正順利而穩步地走進了軌道。

夏鼐氏現在雖然在中國社會科學院副院長的地位上，但他作為考古研究所的名譽所長，每天仍到考古研究所上班，繼續其研究工作。

他與很多國家的考古學界都有學術交流；並被選為英國學術院（1974 年 7 月），德國考古研究所（1982 年 12 月），瑞典皇家文學、歷史、考古科學院（1983 年 12 月）及美國國家科學院（1984 年 5 月）等學術機構的通訊院士或外國院士。

1983 年 8 月，以中國為中心的亞洲地區考古學會議在北京和西安召開。到會者有日本、朝鮮民主主義人民共和國、泰國、印度尼西亞、馬來西亞、印度、尼泊爾、巴基斯坦等國的代表以及由日本、美國、英國、瑞典來的觀察員。由日本來參加會的，有天理大學的金關恕教授和我。會上討論了亞洲諸國考古學的現狀與將來的協作趨勢。夏鼐氏作為主辦國家的代表，被全體代表推選為會議主席。在他的領導之下，這次大會解決了不少問題，取得具有實效的成果。

他不僅是中國考古學界中最有威信的人，在國際方面也是享有很高聲望的、少有的考古家。

（原文載日文版《中國文明之起源》一書的卷首。
本篇譯成後，商得作者同意，稍作修改。）

書夏鼐先生講演集後

岡崎敬

　　我第一次見到夏鼐先生是在 1957 年的 5 月。我是作為以原田淑人先生為團長的日本考古學協會中國視察團的成員而去的；加之，我是第一次去中國，因而所見所聞，一切都感到新奇。當時的考古研究所所長鄭振鐸先生出差不在北京，第一副所長尹達先生由於有病（譯者按：原文誤以當時的所長為尹達），所以由副所長夏鼐先生代行聯繫一切事宜。先生嫻於英語，使我們得以暢所欲言。就是在這一次，杉原莊介先生作了關於《日本農耕文化之生成》的講演。

　　北京參觀日程終了以後，乘飛機經包頭飛向蘭州，目的是奔向敦煌。承夏鼐先生和北京大學蘇秉琦先生一直送我們到飛機場，我們一行都是非常感激的。

　　從中國旅遊歸來，我轉到名古屋工作。以後，由於設在福岡的九州大學創建考古教研室，我到了福岡，在該校工作。

　　1963 年秋天，夏鼐先生作為中國學術代表團的成員之一，第一次訪問了日本。基於目加田誠先生的竭誠爭取，邀請代表團到了九州。代表團到九州後，首先訪問了九州大學文學部，由鏡山猛、谷口鐵雄先生陪同參觀了太宰府，敲了觀世音寺的古鐘。當年的六月間，恰巧在飯塚市立岩下邊的遺址中，從彌生式甕棺裏發掘出了六面前漢時期的銅鏡，便將其照相製版並附以簡單解說，贈送給先生一份。到現在為止，這是日本出土的最早的中國銅鏡。

其後，先生忙於國內各地考古調查，幾年來寫了：

《十年來的中國考古新發現》，《考古》1959 年 10 期。

《新中國的考古學》，《考古》1962 年 9 期。

《我國近五年來的考古新收穫》，《考古》1964 年 10 期。

《五四運動和中國近代考古學的興起》，《考古》1979 年 3 期。

《三十年來的中國考古學》，《考古》1979 年 5 期。

上述文章，都是按年度對全國考古調查發掘的收穫與研究成果作了綜合的論述。先生擔任所長，站在最高層指導青年學者們的工作，因而能寫出這些有分量的文章。

1974 年 8 月間，應中國科學院考古研究所的邀請，我和宮川寅雄、關野雄先生一起，遊歷了北京、安陽、鄭州、洛陽、西安等處。在北京，我們見到了王冶秋、夏鼐先生，並在歷史博物館見到了“漢唐壁畫展”的原本陳列品。這就是以後在日本北九州市立美術館等處舉行的“漢唐壁畫展”。

1977 年 7 月至 8 月，我們的學術代表團（團長蠟山道雄氏），被首次允許進入新疆維吾爾自治區。這期間，參觀了吐魯番的高昌古城、石河子、伊寧等處。在進入新疆維吾爾自治區之前，拜會了夏鼐和王仲殊先生。這是我第一次去新疆。蒙先生在百忙之中和我們會面，回想起來實在覺得太叨擾了。

1978 年 11 月，我和佐藤雅彥、長谷部樂爾氏等參觀了上海、南京、揚州、西安、北京；1979 年 5 月，我和三上次男先生一起遊歷了蘭州、敦煌、西安、上海等處。當時，日本人已逐漸地可以結成團體到中國參觀訪問了。

1979 年 5 月，應京都的日中學術交流懇談會的邀請（譯者按：原書誤以東道主為京都大學），夏鼐先生作為學術代表團的成員來到了日本。這一次，學術代表團到了東京、仙台、金澤等處，進行了實地考察。末永雅雄先生還提到了希望盡快實現交換留學生的話。

1980 年，日本廣播協會訂立了"絲綢之路計劃"（有井上靖先生等），承蒙中國方面給予了協助和支援。三月間，我參加了鈴木肇氏等的攝影隊。因為樓蘭地區不對外開放，所以該地區的調查工作由中國方面單獨進行；我們則擔任了自酒泉以北漢代城牆和西夏的黑城故址的調查工作。遺址全都在沙漠之中，中國方面曾作過調查。但迄今為止，外國人在該地域進行過調查的，只有斯坦因和瑞典的斯文赫定等人，日本人有機會來進行調查，這還是首次。這次踏查的情況，在日本廣播協會電視節目上和《夢幻般的樓蘭・黑水城》（日本廣播出版協會，1980 年）一書中，曾有詳細的報道。

這一次，一到北京，我們立刻就到考古研究所拜訪了夏鼐先生，以傾聽他的意見。這個地區，即便是中國的學者，也並非輕易就可以進去的。

先生在中日戰爭期間，曾經在敦煌的沙漠之中調查發掘過古代墓葬。我還記得，他當時懷着昔年的體驗，在我的筆記本上簽名題詞：「絲綢之路為舊遊之地。岡崎先生此次前往調查，預祝工作順利。夏鼐 1980 年 3 月 2 日。」令人難忘的是，夏鼐先生的簽名題辭，在旅途上對我發揮了極大的鼓舞作用。在歸途中，我路經寧夏，參觀了內蒙古自治區的呼和浩特。

1981 年 10 月，我作為日本、朝鮮、中國考古學家訪問團日方團長，周遊了中國的東北地方。這次是先到北京，即日轉赴大連。然後赴遼陽、瀋陽、長春、哈爾濱、吉林，由吉林又回到長春，從長春乘飛機回到北京。北京的街道正披上了新裝，非常美麗。

回到北京以後，我們首先拜訪了考古研究所。在 1957 年時曾經盤桓過的會議室裏，見到了夏鼐先生、王仲殊先生、安志敏先生以及其餘諸位先生的風采。舊雨重逢，甚覺親切。首先，我介紹了日本方面的成員。在我報告《東北考古學的道路》以後，夏鼐先生說：二十四年前曾經到過考古研究所的先生中，現在作為團長率領年輕人來這裏訪問，這還是頭一個人。當時，恰巧在北京大學留學的日本留學生也在座；晚上，我們大家和先生一起吃了中餐，圍坐暢談，不覺夜深。

1982 年秋天，由日本廣播協會的絲綢之路調查隊中擔任"敦煌"工作的田川純三氏聯繫，計劃邀請夏鼐先生訪日，並着手進行了準備工作。1983 年 3 月間，先生偕夫人到了日本。對於將考古研究所所長的職務讓給年輕的同志而擔任科學院副院長的先生來說，長期以來，真是難得有這樣偕夫人從容旅行的餘暇。先生在東京、大阪、福岡先後舉行了講演會；在福岡，我曾出面幫忙招待。自從先生初次到福岡，已經過了二十年。回憶先生初次到福岡時，為了警衛，讓學生住滿了中國代表團下榻的旅館。現在，旅館已非常安全，和中國之間的文化往來也日益順暢了。這次，先生參觀了飯塚市立岩歷史資料館中展出的前漢銅鏡和太宰府的縣立九州歷史資料館。而這些建築物，在先生上次到福岡時都還未建成。

在福岡，先生作了《漢唐絲綢和絲綢之路》（本書的第二章）的講演，其內容具有相當高的水平，而且是向濟濟一堂的聽眾，藉助小南氏的精彩翻譯而進行的。有人說："講得實在太好了，贏得了滿堂稱讚。"先生平易而又娓娓動聽地向日本聽眾介紹了中國考古的成果。謹向先生致以感謝之忱；並祝願先生永遠健壯，為考古事業多作貢獻。

《中國文明的起源》部分地理區域變更表

原名稱	現名稱
浙江省餘姚縣	浙江省餘姚市
河北省滿城縣	河北省保定市滿城區
河北省豐南縣	河北省唐山市豐南區
四川省資陽縣	四川省資陽市
雲南祿豐縣	雲南省祿豐市
河南省淮陽縣	河南省周口市淮陽區
滕縣	山東省滕州市
平度縣	山東省平度市
膠縣	山東省膠州市
牟平縣	山東省煙台市牟平區
輝縣	河南省輝縣市
安徽亳縣	安徽省亳州市
陝西省臨潼縣	陝西省西安市臨潼區
四川省樂山縣	四川省樂山市
山東鄒縣	山東省鄒城市
鞏縣	河南省鞏義市
吳興縣	浙江省湖州市吳興區
廣川	河北省衡水市景縣廣川鎮

原名稱	現名稱
江蘇省銅山縣	江蘇省徐州市銅山區
定縣	河北省定州市
耀縣	陝西省銅川市耀州區
北京市平谷縣	北京市平谷區
陝西華縣	陝西省渭南市華州區
山東益都	山東省青州市
河南偃師縣	河南省洛陽市偃師區
河南省登封縣	河南省登封市
京山縣	湖北省京山市
天門縣	湖北省天門市
鄖縣	湖北省十堰市鄖陽區
江蘇省淮安縣	江蘇省淮安市淮安區
浙江嘉興縣	浙江省嘉興市
山東省泰安縣	山東省泰安市
上海青浦縣	上海市青浦區
甘肅武威縣	甘肅省武威市
新疆維吾爾自治區庫車縣	新疆維吾爾自治區庫車市
廣東省新會縣	廣東省江門市新會區
四川省彭山縣	四川省眉山市彭山區
寧定縣	甘肅省臨夏回族自治州廣河縣
湖北省黃陂縣	湖北省武漢市黃陂區

根據碳十四測定的文化遺址年代簡表

公元前 5000 B.C.　　　　　　　　　　　4000 B.C.

磁县双庙　BK 76017　BK 73054　　　　BK 76020

西安半坡　(五层) ZK.38　　(三层) ZK.127　　ZK.121　　ZK.122

中原地区

安阳后冈　ZK.134　　一期(仰韶) ZK.76

阳原姜家梁　ZK.285

郑州大河村　BK 785 (中期) BK 7…

陕县庙底沟 (一期)　ZK.110

黄河上游
(甘青地区)

武山灰地儿　ZK.18

兰州曹家…　永登蒋家坪(…

黄河下游和
旅大地区

邳县大墩子　ZK.90

余姚河姆渡(四层)　BK 75057　(四层) ZK.283

长江中游
下游

吴兴邱城 (马家浜)　ZK.46

(一层) BK 75058　(二层)(马家浜)

万 年
仙人洞 (半良期 5730 未作树轮校正)

ZK92-0 6875±240 B.C.(?)
ZK79 : 8920±240 b.C.(?)

吴县草鞋山 (马家浜)　ZK.201

BK 76022　ZK.202

黄浦松泽(马家浜)　ZK.55

常州圩墩(马家浜)　BK 76023

昊兴钱山漾(良渚)　五…

闽粤沿海

西南地区 云南元谋大墩子 ZK279.1: 9360±180 B.C.(?)(半良期 5730 未作树轮校正)

东北地区

赤峰河沟门(红山文化) ZK…

公元前 5000 B.C.
(4173.4355 B.C.)

4000 B.C.
(3207.3360 B.C.)

ZK：中國社會科學院考古研究所碳-14實驗室測定編號

BK：北京大學考古系碳-14實驗室測定編號

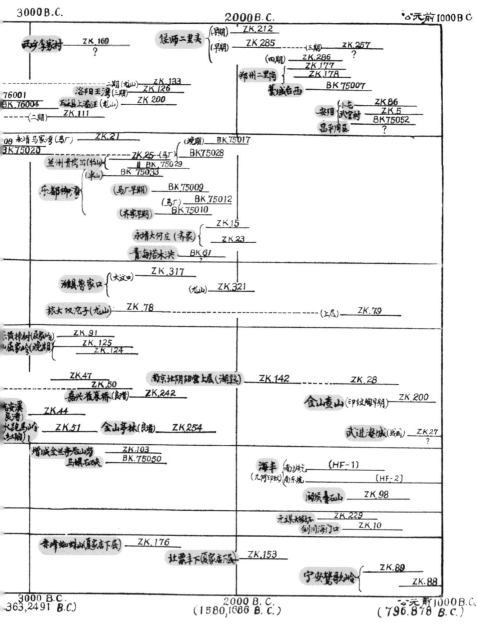

本表中論及的文化遺址，是截至 20 世紀 80 年代初史前考古較深入並進行碳-14 測定的、以中原為主的地區。